21世纪职业教育规划教材·民航服务系列

航空货运操作实务

主　审◎王万涛
主　编◎洪　晔
副主编◎刘雪慧　杨　珂　郑亚楠

中国人民大学出版社
·北京·

图书在版编目（CIP）数据

航空货运操作实务/洪晔主编．—北京：中国人民大学出版社，2019.7
21世纪职业教育规划教材．民航服务系列
ISBN 978-7-300-27124-8

Ⅰ.①航… Ⅱ.①洪… Ⅲ.①航空运输-货运代理-职业教育-教材 Ⅳ.①F560.84

中国版本图书馆CIP数据核字（2019）第140409号

21世纪职业教育规划教材·民航服务系列
航空货运操作实务
主　审　王万涛
主　编　洪　晔
副主编　刘雪慧　杨　珂　郑亚楠
Hangkong Huoyun Caozuo Shiwu

出版发行	中国人民大学出版社		
社　　址	北京中关村大街31号	**邮政编码**	100080
电　　话	010－62511242（总编室）		010－62511770（质管部）
	010－82501766（邮购部）		010－62514148（门市部）
	010－62511173（发行公司）		010－62515275（盗版举报）
网　　址	http://www.crup.com.cn		
经　　销	新华书店		
印　　刷	北京宏伟双华印刷有限公司		
开　　本	787 mm×1092 mm　1/16	**版　　次**	2019年8月第1版
印　　张	12	**印　　次**	2025年7月第2次印刷
字　　数	266 000	**定　　价**	32.00元

前　言

随着我国改革开放的不断深入及国际贸易的不断发展，我国的国际航空货物运输业务量也迅速增长，民航业急需一些航空货运方面的初级技能型人员，而职业院校正是填补这一空缺的有力后盾。目前市场上已有的航空货物运输方面的教材理论性较强，对职业院校的学生不太适用，因此，编者在经过几年的教学实践后编写了本教材。

近年来，职业院校一直在开展专业课程改革，大力倡导校企合作、工学结合的教学模式，努力培养适应企业需求、具有综合职业能力的技能型人才。本教材正是在这样的大背景下形成的，是课程改革的物化成果，它以学生为中心，以实际的工作任务为线索贯穿课程的始末，给学生创造了真实的工作情境。

本教材共分为两部分，第一部分为知识篇，以十个知识模块为架构，以工作任务为载体，阐述了航空货物运输的基础知识，为后面的任务做好知识铺垫；第二部分为技能篇，以运输一票货物为背景，以若干工作任务为载体，介绍该货物的托运、收运及到达与交付的工作流程，使学生能够熟练掌握航空货物运输的操作技能。学生通过完成上述工作任务，一方面可以理解理论知识，另一方面可以锻炼实践技能。

本教材适合职业院校民航服务专业的学生学习使用，也可作为企业物流管理人员、航空公司货运人员、航空货运代理公司的进出口操作人员和客服人员等的岗位培训教材。可以说，这是一本较为实用的教材。

本教材模块一至模块五由刘雪慧编写，模块六至模块十由郑亚楠编写，模块十一至模块十二由洪晔编写，模块十三至模块十四由杨珂编写，附录由洪晔提供。本教材在编写过程中得到了北京市朝阳区教研中心职成教研室王万涛和北京市求实职业学校孙楠楠、吴海燕的指导与帮助，在此一并表示感谢。

本教材在编写过程中参阅了大量的著作，参考文献附后，在此对前辈和同行们表示感谢。如有疏漏之处，敬请谅解。

由于水平有限，本教材若有不当或疏漏之处，敬请各位同人及读者批评指正。

编者

2019 年 5 月

目 录

知 识 篇

模块一　航空货物运输概况 …… 3

模块二　国际组织 …… 12

模块三　IATA 业务区的划分 …… 17

模块四　国际时区与飞行时间 …… 22

模块五　飞机的分类与布局 …… 26

模块六　集装设备 …… 32

模块七　特种货物一：危险品 …… 38

模块八　特种货物二：活体动物 …… 48

模块九　特种货物三：贵重货物 …… 51

模块十　特种货物四：鲜活易腐货物 …… 55

技能篇

模块十一　国际空运出口货物的托运操作 …… 63

任务一　填写国际货物托运书 …… 63
任务二　包装货物 …… 69
任务三　准备报关、报检文件 …… 76
任务四　选择货运代理 …… 85

模块十二　国际空运出口货物的收运操作 …… 89

任务一　明确各职能部门的职责 …… 89
任务二　选择航班，预订舱位 …… 95
任务三　散装货物的限制 …… 99
任务四　计算航空运费 …… 104
任务五　计算其他费用 …… 138
任务六　填写航空货运单 …… 141

模块十三　国际空运进口货物操作 …… 152

模块十四　特种货物的操作 …… 165

附录 …… 175

附录一　任务汇报 PPT 制作参考内容 …… 175
附录二　各类飞机机型代码 …… 176
附录三　各类机型飞机货舱数据 …… 177
附录四　舱单样本 …… 179
附录五　TACT 货币进位规则表（摘录） …… 180
附录六　危险品申报单 …… 181
附录七　非放射性危险品收运核查单 …… 182
附录八　危险品表（摘录） …… 183
附录九　多重危险性表 …… 184
附录十　特种货物机长通知单 …… 185

参考文献 …… 186

知识篇

模块一 航空货物运输概况

学习目标

1. 了解物流与货物运输的关系
2. 掌握五种货物运输方式的特点
3. 了解航空货物运输的发展前景

学习任务

任务内容： 环球贸易公司准备运输几票货物，包括：木材、电视机、古玩、新鲜蔬菜、煤，现在要确定这几票货物比较适合用哪种运输方式。

任务要求： 根据各类运输方式的特点为上述货物选择合适的运输方式，并说明理由。

必备知识

一、物流与货物运输

20 世纪 90 年代以来，世界经济出现了跳跃式的发展，其背后最大的驱动力来自更多的公司关注全球化发展战略，更加关注在中国的业务发展或扩张。

中国作为世界上最大的消费市场之一，拥有丰富的、富有竞争力的原材料和劳动力资源。中国在这次经济浪潮中成为世界知名的制造和生产大国，更多的跨国企业在中国设立生产和加工中心，以及区域性的物流中心等。如较典型的电子消费品和汽车行业，知名的跨国公司在中国的采购、合同生产都在这一时期开始。短期内，对物流的需求上升到前所未有的高度。中国的物流业得到了空前的发展，世界知名的物流公司、货物运输代理企业进入中国成立合资公司并开展物流业务。中国的航空和航运业巨头，如国航、中船、中远等企业也通过拓展飞机机队、船队，升级服务水平。与此同时，企业在经营过程中关注的供应成本和利润在市场上也得到了最大优化。

从20世纪90年代开始，我国出台的一系列与物流有关的优惠政策极大地促进了物流业的发展。这些政策包括：

（1）进出口加工贸易政策；

（2）保税区和保税库政策；

（3）世贸协定框架下进出口税收政策；

（4）香港经济扶植政策；

（5）最惠国贸易政策；

（6）提升物流业发展战略规划（涵盖航空、卡车运输、仓储等各个领域）。

仓储管理和货物运输是物流领域内最基本也是最核心的两个业务分支。国内越来越多的企业通过精细化的管理致力于仓储和货物运输优化。

货物运输在企业的业务中，甚至在我们的日常生活中发挥着越来越重要的作用。货物运输业务具体包括：

（1）进出口业务；

（2）国内的分销业务；

（3）包裹快递业务；

（4）维修、返修货物运输业务；

（5）大宗的生活和战略物资如煤、气、油、水等的运输业务。

近年来，全球经济发展处于低迷状态，中国经济也面临着巨大的挑战，但同时也迎来了巨大的机遇。企业对于物流成本的压力都将体现在公司未来的发展战略中，对原料和成品库存的管理、运输网络的优化、成本的控制与增加销售收入、维护客户的满意度摆在同等重要的高度。可以肯定地讲，未来企业将越来越关注企业物流管理，更多的企业希望通过物流的优化来提高企业的市场竞争力，更有一些企业希望通过对物流的新技术、新概念的运用来创造新的价值，而非将物流管理扮演成传统意义上的成本中心的角色。

货物分拣系统

货物运输将更多地关注绿色节能、运输工具的应用、数据共享、网络优化、运输的协同管理、装载管理、货物实时追踪等各个业务环节。

虽然中国的货物运输是建立在一个相对较低的管理水平上的，但它却是一个蓬勃发展、生机盎然的行业。未来的中国货运市场有着广阔的发展前景，在国际货运市场上，中国将起到中流砥柱的作用。

二、货物运输的方式

根据使用的运输工具不同，国际货物运输方式可分为如下几种：

（1）海上运输；

（2）铁路运输；

（3）公路运输；

（4）管道运输；

（5）航空运输。

我国国际货物运输的进出口货物，大部分是通过海上运输，少部分通过铁路或公路运输，也有些货物是通过管道运输或邮政运输。随着航空事业的发展，通过航空运输的货运量近年来有较大幅度的增长，运输的货物种类和范围也在不断扩大。

（一）海上运输

海上运输是指使用船舶通过海上航道在不同的国家和地区的港口之间运送货物。海上运输的特点包括以下几方面。

1. 运输量大

75%以上的国际贸易总运量是利用海上运输来完成的，有的国家的对外贸易的海上运输占运量的 90%以上。主要原因是船舶向大型化发展，如 50 万～70 万吨的巨型油船，16 万～17 万吨的散装船，以及集装箱船的大型化，船舶的载运能力远远高于火车、汽车和飞机，是运输能力最强的运输工具。

海上运输

2. 通过能力大

海上运输利用四通八达的天然航道，不像火车、汽车要受轨道和道路的限制，因而其通过能力要超过其他各种运输方式。如果遇到政治、经济、军事等条件发生变化，还可随时改变航线驶往有利于装卸的目的港。

3. 运费低廉

船舶的航道天然形成，船舶运量大，港口设备一般由政府修建，船舶经久耐用且节省燃料，所以货物的单位运输成本相对低廉。据统计，海运运费一般约为铁路运费的 1/5，公路汽车运费的 1/10，航空运费的 1/30，这就为低值大宗货物的运输提供了有利的竞争条件。

4. 对货物的适应性强

由于上述特点，海上货物运输能基本上适应各种货物的运输。如石油井台、火车、机车车辆等超重大货物，其他运输方式是无法装运的，船舶一般都可以装运。

5. 运输速度慢

由于商船的体积大，水流的阻力大，加之装卸时间长等其他各种因素的影响，所以货物的运输速度比其他运输方式慢，较快的班轮航行速度也仅为 30n mile/h 左右。

6. 风险较大

由于船舶海上航行受自然气候和季节性影响较大，海洋环境复杂，气象多变，随时都有可能遇上狂风、巨浪、暴风、雷电、海啸等人力难以抗衡的海洋自然灾害的袭击，遇险的可能性比在陆地要大。同时，海上运输还存在着社会风险，会受到战争、海盗活动、罢工、贸易禁运等因素的影响。为转嫁损失，海上运输的货物、船舶保险尤其应受到重视。

（二）铁路运输

铁路是国民经济的大动脉，铁路运输是现代化运输业的主要运输方式之一，它与其他运输方式相比较，具有以下特点。

铁路运输

1. 准确性和连续性强

铁路运输几乎不受气候影响，一年四季可以不分昼夜地进行定期的、有规律的、准确的运输。

2. 速度比较快

铁路货运速度每昼夜可达上千千米，一般货车可达 100km/h，远远高于海上运输。

3. 运输量比较大

一列货物列车一般能运送 3 000 吨～5 000 吨货物，远远高于航空运输和汽车运输。

4. 成本较低

铁路运输费用仅为汽车运输费用的十几分之一到几分之一；运输耗油约是汽车运输的二十分之一。

5. 安全系数高

铁路运输安全可靠，风险远比海上运输小。

6. 初期投资大

铁路运输需要铺设轨道，建造桥梁和隧道，建设工程艰巨复杂，需要消耗大量钢材、木材，需要占用土地，初期投资大大超过其他运输方式。货运和客运争夺运输线路资源的矛盾一直比较突出，国家投资高铁等客运线路，就是为了释放较多的铁路资源，为现代铁路运输业服务。

公路运输

（三）公路运输

公路运输（一般指汽车运输）是陆上两种基本运输方式之一，在国际货物运输中，是不可缺少的重要运输方式。我国新疆、内蒙古、黑龙江等地区，广西、云南等西南地区的陆路口岸的公路运输货运量近些年呈现跳跃式发展的态势。

公路运输与其他运输方式相比较，具有以下特点：

（1）机动灵活、简捷方便、应急性强，能深入到其他运输工具到达不了的地方。

（2）适应点多、面广、零星、季节性强的货物运输。

（3）运距短，单程货多。

（4）投资小，收效快。

（5）港口集散可争分夺秒，突击抢运任务多。

（6）是空运班机、船舶、铁路衔接运输不可缺少的运输形式。

（7）随着公路现代化、车辆大型化，公路运输是实现集装箱在一定距离内“门到门”运输的最好的运输方式。

（8）汽车的载重量小，车辆运输时震动较大，易造成货损事故，费用和成本也比海上运输和铁路运输高。

（四）管道运输

管道运输是运具与线路合二为一的一种新型运输方式。它既可以输送液体和气体（如石油、天然气），又可输送固体物资（如煤炭、矿石、建材等）。在中国，大约 5 000 年前就已利用黏土与石块构成的管道长距离供水。现代的管道运输是伴随石油的开发利用发展起来的。1861 年美国建成世界上第一条输油管道（木制），之后各种口径的输油管道迅速在世界各地修建。目前全世界输油管道已有相当数量，代表性的有：苏联友谊输油管道（5 327 千米）、美国科洛尼成品油管道(4 613 千米)、加拿大油气管道（8 500 千米）、苏联西伯利亚—西欧输气走廊（6 条线路总长 2 万千米）、阿尔及利亚—意大利输气管道(2 506 千米)、沙特阿拉伯原油管道等。1957 年美国建成世界上第一条输煤管道（175 千米），之后英国、法国、苏联、澳大利亚也相继建成口径不等的煤炭、石灰石、矿石输送管道。目前世界上固体管道共有 110 条，总长 1 万多千米。目前我国的管道运输主要是以新疆和陕西为起点的天然气运输管道等。

管道运输

管道运输具有如下优点。

1. 连续性好

受自然条件影响小，可保证一年四季昼夜连续运输。

2. 运输量大

例如，美国阿拉斯加原油管道口径为 1 210 毫米，每年输送原油达 1 亿吨。

3. 运价便宜

例如，美国管道运输每吨千米的运输成本仅相当于铁路的 21%和公路的 5%。

4. 管理方便

例如，英国管道运输货运量占总货运量的 18.2%，而从业人员只占运输从业总人数的 0.7%。

管道运输的主要缺点是修建管道、加油站和储油器要耗费巨额资金。此外，管道线路一经铺设，运量无调节余地，运输弹性小，灵活性差。但是管道运输仍不失为输送液（气）体货物最好的运输方式，堪称名副其实的能源输送者。

（五）航空运输

国际航空货物运输虽然起步较晚，但发展极为迅速。航空运输方式与其他运输方式相比，具有以下特点。

1. 运送速度快

现代喷气运输机一般时速都在 900 英里左右，东半球到西半球的运输基本在 12 个小时内就能完成。

2. 航空线路不受地面条件限制

一般可在两点间直线飞行，行程比在地面短得多，而且运程越远，快速的特点就越显著。

航空运输

3. 安全准确

航空运输管理制度比较完善，货物的破损率低，可保证运输质量，如使用空运集装箱，则更为安全。飞机航行有一定的班期，可保证按时到达。

4. 手续简便

航空运输为了体现快捷便利的特点，为托运人提供了简便的托运手续，也可以由货运代理人上门取货并为其办理一切运输手续。

5. 节省包装、保险、利息和储存等费用

由于航空运输速度快，商品在途时间短，运转周期快，存货可相对减少，资金可迅速收回。

6. 运量小、运价高

由于航空运输方式的优点突出，可弥补运费高的缺陷。加之保管制度完善、运量又小，货损货差较少。

三、航空运输市场的发展与展望

众所周知，随着经济全球化的发展，航空运输因其所具有的高速度、节约供应链运输总成本的优势，正成为世界经济持续增长和全球物流市场健康发展的推动力量。尤其是进入 20 世纪 90 年代，随着 IT 行业的崛起，航空货运需求呈现出加速增长趋势。从航空货运种类的变化来看，货运的增长不仅表现在数量的增长上，更体现在其价值的增长上。

北京首都国际机场

世界经济和航空货物运输的发展，造就了许多知名的航运中心，比如：亚洲的中国香港、新加坡、日本成田、韩国仁川机场；欧洲的德国法兰克福、荷兰的阿姆斯特丹机场；美国的洛杉矶和芝加哥机场等。近年来，我国上海将发展世界级的航运中心作为城市发展的新的战略方向。可以预计的是，经济越蓬勃发展的地区和国家，对航空货物市场的依赖越大，航空货运发展的机遇越广阔。

航空货物运输广阔的市场前景，吸引着众多的航空巨头重新审视和规划货运发展战略。亚洲的航空公司通过采购新的货机和改造 747 货机来增加航空运力，如国航、国泰、大韩等航空公司都采购新的货机来提升市场竞争力。

随着我国产业结构调整的深入，不断增多的高科技、高附加值产品对航空货运将产生更大的需求。

(1) 我国的出口业务在国际贸易竞争中面临诸多压力，国家对自主创新的高科技产品出口的扶持，将推动我国出口产品由单一的低附加值的加工服务转向高附加值的产品价值出口；从货物运输的方式来看，将更多地选择航空货运，提高市场的反应速度和客户的满意度。

(2) 越来越多的跨国企业更加重视在中国的业务发展，除了在中国投资建厂外，更多的研发中心和新产品的市场投放也选择在中国，这样就形成了新产品以中国为中心的研发、生产、推广，这些公司的物流体系越来越多地依赖航空货物运输。

(3) 我国在机场建设方面的投入和对航空物流经济的重视程度达到了前所未有的高度。我国将改建和新建40所机场，机场建设投资达到数千亿元，以建设航线覆盖面广、延伸能力强、辐射范围大、服务功能强的枢纽机场作为发展的战略目标。航空货运量的增长也为机场带来空地联运、包装、分拣、报关、信息传递等高附加值的物流服务项目；这些航空物流经济同时又推动了各枢纽机场物流园区的建设和发展，如北京空港物流园区、天津渤海空港物流园区、上海浦东物流园区、深圳机场物流园区等。在物流园区里，可以提供与航空货运配套的海关、商检、税收、仓储、运输以及其他增值服务。以航空货运为核心的，安全、快捷、方便、优质，符合现代物流服务要求的供应链体系正在形成。

北京天竺保税区物流服务中心

(4) 外商投资于机场和货代业，将无疑加剧中国国际航空运输市场竞争的激烈程度。外资企业带来的新管理模式、管理经验和行业前沿的新技术，给我们耳目一新的感觉。外资企业不只是强调传统的运输和代理环节，更多强调的是对于供应链的一体化管理理念，以及对于物流增值服务的关注和投入。努力提高市场占有率和航空货运的专业化服务水平将是未来外资和国内航空货运企业发展的方向。

(5) 航空货运市场的发展促进了市场对航空货运人才的大量需求。服务的专业化也使得人才的需求朝着专业化的方向发展，更多的企业需要懂技术、懂业务的专业人才。目前市场上需求量比较大、薪资水平较高的职位有：报关员、报检员，专业的地面操作人员、特殊物品操作人员、货运销售人员、专业仓储管理人员、货运系统管理人员等。

从宏观上来讲，航空货运业的发展对于我们来说是广阔的机遇，也是挑战。尤其是我国的货运管理水平和基础设施建设还处在较低的发展阶段，还需要较长的时间赶超世界先进国家。从微观上来讲，对将来从事航空货运业工作的每一个同学来说，认识到航空货运专业化发展的方向也会为大家指明学习的方向，同学们努力学习航空货运专业业务知识，了解外资企业先进的管理经验，学习行业内领先的专业技术，未来的职业发展道路就会非常光明。

学生练习

根据学习内容对比五种运输方式的特点，填写表1-1。

表1-1

运输方式	优点	缺点	适合运输的货物类型
海上运输			
铁路运输			

续前表

运输方式	优点	缺点	适合运输的货物类型
公路运输			
管道运输			
航空运输			

任务实施

根据表1－2所列货物的特点及各类运输方式的优缺点，填写这些货物适合使用哪种运输方式。

表1－2

序号	货物名称	适合的运输方式
1	煤	
2	新鲜蔬菜	
3	古玩	
4	电视机	
5	木材	

认真分析上述货物的特点，并说明各货物所选择的运输方式的理由。

1. 货物名称：________________

2. 货物特点分析：________________

____

3. 选择运输方式的理由：________________

____

任务评价

评价者对学生完成“任务实施”的结果进行评价，并将评价结果反映在表1－3中的☆上，完成最好的涂满5颗☆，逐级降低。（注：本书中的评价表中有☆时，评价方式与此相同，不再重复说明。）

表1－3

评价方式	结论是否合理	分析的理由是否全面	备注
自我评价	☆☆☆☆☆	☆☆☆☆☆	
小组评价	☆☆☆☆☆	☆☆☆☆☆	
教师评价	☆☆☆☆☆	☆☆☆☆☆	

知识拓展

航空快递

航空快递是指航空快递企业利用航空运输，收取收件人托运的快件并按照向发件人承诺的时间将其送交指定地点或者收件人，掌握运送过程的全部情况并能将即时信息提供给有关人员查询的门对门速递服务。

航空快递在很多方面与传统的航空货运业务有相似之处，但作为一项专门的业务，它又有独到之处，主要表现在以下几方面。

一、收件的范围不同

航空快递的收件范围主要包括文件和包裹两大类。其中文件主要是指商业文件和各种印刷品，对于包裹一般要求毛重不超过 32 千克（含 32 千克）或外包装单边不超过 102 厘米，三边相加不超过 175 厘米。而传统的航空货运业务以贸易货物为主，规定每件货物体积不得小于 5 厘米×10 厘米×20 厘米。

二、经营者不同

经营国际航空快递的大多为跨国公司，这些公司以独资或合资的形式将业务深入世界各地，建立起全球网络。国际航空货物运输则主要采用集中托运的形式，或直接由发货人委托航空货运代理人进行，货物到达目的地后再通过发货地航空货运代理的关系人将货物转交到收货人的手中。

三、经营者内部的组织形式不同

航空快递公司大多采用中心分拨理论（又称转盘分拨）的方式组织全球的网络。简单来讲，就是快递公司根据自己业务的实际情况在中心地区设立分拨中心（Hub），各地收集起来的快件按所到地区进分分拨，分拨完毕后，装上飞机。当晚各地飞机飞到分拨中心，各自交换快件后飞回。第二天清晨，快件再由各地分公司用汽车送到收件人手上。这种方式看上去似乎不太合理，但中心分拨方式减少了中间环节，快件的流向简单清楚，减少了错误，提高了操作效率，缩短了运送时间，实践证明也是经济、有效的。

四、使用的单据不同

航空货运使用的是航空运单，航空快递业也有自己独特的运输单据——交付凭证。

五、服务质量更高

1. 速度更快。

2. 更加安全、可靠。

3. 更方便。

模块二 国际组织

学习目标

1. 了解与航空货运相关的国际组织的名称
2. 了解与航空货运相关的国际组织的性质和职能

学习任务

任务内容： 列表比较 ICAO、IATA、FIATA 三个组织的性质与职能。

任务要求： 学生独立完成表格。

必备知识

一、国际民用航空组织

国际民用航空组织（International Civil Aviation Organization，ICAO）是协调世界各国政府间在民用航空领域内各种经济技术关系和法律事务的国际组织，简称国际民航组织。它成立于 1947 年 4 月 4 日，是政府间的国际航空机构，也是联合国所属专门机构之一。总部设在加拿大的蒙特利尔，它的成员国全部为联合国成员国，目前共有近 200 个成员国。

国际民用航空组织徽标

第二次世界大战后，为解决民用航空发展中的国际航空运输业务权等国际性问题，1944 年 12 月 7 日在美国芝加哥制定了《国际民用航空公约》，即《芝加哥公约》，并于 1947 年 4 月 4 日生效，公约生效当日国际民用航空组织正式成立。国际民航组织的权力机构——大会，每 3 年召开一次。常设管理机构为理事会，由 33 个理事国组成，第一类理事国为民航大国，占 10 席，第二类理事国是在向国际民航提供便利方面作出突出贡献的国家，占 11 席，第三类理事国是具有区域代表性的国家，占 12 席。理事会下设航行、运输、非法干扰、技术合作、财务等委员会，常设机构为秘书处，由理事国任命秘书长。秘书处下设航行局、航空运输局、技术合作局、法律局和行政局，有一个地区事务处和 7 个地区办事处。这 7 个地区办事处分别是：

（1）西非和中非地区办事处，设在达喀尔（塞内加尔）。

（2）亚太地区办事处，设在曼谷（泰国）。

（3）东非和南非地区办事处，设在内罗毕（肯尼亚）。

（4）欧洲地区办事处，设在巴黎（法国）。

（5）中东地区办事处，设在开罗（埃及）。

（6）北美和加勒比地区办事处，设在墨西哥城（墨西哥）。

（7）南美地区办事处，设在利马（秘鲁）。

这些地区办事处直接由秘书长领导，其主要任务是协助和协调所在地区各缔约国在执行公约和附件时所遇到的问题，寻找解决办法，落实执行情况。

1971 年 10 月 25 日联合国第二十六届大会通过第 2758 号决议，恢复我国在联合国组织中的合法席位。1971 年 11 月 19 日国际民航组织第七十四届理事会第十六次会议作出了相应的决定，恢复了中华人民共和国的合法权利。我国于 1974 年 2 月 15 日承认《芝加哥公约》，并自该日起参加国际民航组织的活动。中国自 1974 年起，连续当选为理事国，并在蒙特利尔设有常驻国际民航组织理事会的中国代表。2004 年 10 月 2 日，在国际民航组织第三十五届大会上，中国以高票首次当选该组织第一类理事国。

二、国际航空运输协会

国际航空运输协会（International Air Transport Association，IATA）是世界各国航空运输企业间非政府性的协调、合作机构。它的前身是 1919 年在海牙成立的国际航空业务协会，1945 年改用现名。协会章程规定：凡国际民用航空组织成员国所属的任何经营定期航班的航空运输企业都可以成为该组织的会员，其中经营国际航线航班的航空运输企业为正式会员，只经营国内航线航班的航空运输企业为准会员。国际航空运输协会的机构设在加拿大的蒙特利尔，执行机构设在瑞士日内瓦。在曼谷、内罗毕、里约热内卢等地设有地区办事处。

国际航空运输协会的活动主要有：（1）协商制定国际航空客货运价；（2）统一国际航空运输规章制度；（3）通过清算所统一结算各会员与非会员间联运业务账目；（4）开展业务代理；（5）进行技术合作；（6）协助各会员公司改善机场布局和程序标准，以提高机场营运效率。

国际航空运输协会会徽

目前，IATA 现有会员航空公司近 300 家，遍布 130 多个国家和地区。在全世界定期国际航空运输业务中，IATA 会员航空公司承担了 98%的业务量。IATA 在全世界 70 多个国家和地区设立了 100 多个办事处，包括我国的北京、上海、广州、香港和台北的办事处。

为加强该协会与各个政府部门、地区行业协会和航空公司协会间的沟通，了解各国航空运输发展政策，IATA 还设置了 7 个地区办事处，分别为：北美地区办事处（美国华盛顿）、南美地区办事处（智利圣地亚哥）、欧洲地区办事处（比利时布鲁塞尔）、非洲地区办事处（瑞士日内瓦）、中东地区办事处（约旦安曼）、亚太地区办事处（新加坡）和北亚地区办事处（北京），负责各地区的政府与行业事务。

作为全世界 7 个地区办事处之一，北亚地区办事处成立于 1996 年，办公地点设在北京。其主要职责是在本地区（包括中国、朝鲜、蒙古和中亚 5 国）介绍国际航协；为促进世界航空运输发展制定各项政策和发展战略；加强国际航协业务活动的开展；促进国际航协产品和服务的推广；了解、分析本地区（主要是中国）航空运输政策的发展动向；保障国际航协项目在本地区顺利进行；协助国际航协中国办事处各部门的工作。

IATA 内部设有 5 个业务局，分别负责会员联络、航空培训、行业结算、航行与基础设施和人事行政事务，各业务局相互合作，从而促进世界航空运输业健康发展。

三、国际货运代理协会联合会

国际货运代理协会联合会（International Federation of Freight Fowarders Associations），法文缩写为 FIATA，1926 年 5 月 31 日在维也纳成立，总部设在瑞士苏黎世，并分别在欧洲、美洲、亚洲和太平洋、非洲和中东四个区域设有地区办事处，是国际货运代理的行业组织，其目的是保障国际货运代理在全球的利益。

该联合会的组织机构有：（1）会员代表大会。它是 FIATA 的最高权力机构，通常每年举行一次大会，所有会员都可以参加。大会选举主席和高级职员，有权作出法律和章程规定之外的一切决定。（2）执行委员会。由一般会员组成，每年召开一次会议，任命委员会主席，并向大会推举本届主席及下任主席、副主席及秘书长候选人。执行委员会由大会选举产生，任期四年，由 10 名或 10 名以上副主席及主席团组成的董事会是决策机构，每年召开两次会议。（3）主席团。会员代表大会下设主席团，对外代表 FIATA，对内负责 FIATA 的管理，根据 FIATA 章程和会员代表大会的决议完成有关工作。

国际货运代理协会联合会会徽

目前，FIATA 设有航空货运、海关事务、多式联运三个研究机构，危险货物咨询委员会、信息技术咨询委员会、法律事务咨询委员会、公共关系咨询委员会、职业培训咨询委员会五个常设委员会。FIATA 是一个在世界范围内运输领域最大的非政府和非营利组织，具有广泛的国际影响。其会员来自全球 161 个国家和地区的国际货运代理行业，包括 106 家协会会员和 6 000 家企业会员。

FIATA 是联合国经济与社会组织及联合国贸易发展大会的咨询者。同时也被其他政府组织、政府当局及与运输有关的非政府国际组织，如国际商会、国际空运联合会、国际公路运输联合会、海关合作组织等确认为国际货运代理的代表。1977 年，FIATA 在印度设立了亚洲秘书处，以推动会员在亚太地区的活动。中国对外贸易运输总公司作为国家级组织以一般会员的身份，于 1985 年正式加入该组织。2001 年，中国国际货运代理协会代表中国国际货运代理行业加入国际货运代理协会联合会。

学生练习

请填写表 2－1。

表 2－1

简称	中文全称	英文全称
ICAO		
IATA		
FIATA		

任务实施

根据本模块内容总结归纳 ICAO、IATA 和 FIATA 三个组织的基本情况，并填写表 2－2。

表 2－2

名称	成立日期	总部所在地	性质	职能
ICAO				
IATA				
FIATA				

任务评价

请对“任务实施”中填写的内容是否正确进行评价，并将评价结果填在表 2－3 中。

表 2－3

评价方式	成立日期	总部所在地	性质	职能	总评
自我评价					
小组评价					
教师评价					

知识拓展

中国国际货运代理协会

中国国际货运代理协会（China International Freight Forwarders Association，CIFA）是国际货运代理协会联合会的国家会员。

中国国际货运代理协会是经国家主管部门批准从事国际货运代理业务、在中华人民共和国境内注册的国际货运代理企业，以及从事与国际货运代理业务有关的单位、团体、个人自愿结成的非营利性的具有法人资格的全国性行业组织。它是国际货运代理行业的全国性中介组织，于2000年9月6日在北京成立。

中国国际货运代理协会是中国各省（市、自治区）国际货运代理行业组织、国际货运代理企业、与货运代理相关的企事业单位自愿参加的社会团体，也吸纳在中国货代、运输、物流行业有较高影响的个人。目前，协会拥有会员近600家，其中理事及以上单位95家，各省市货运代理行业组织27家。全国国际货运代理企业在会数量达到6 000多家。

CIFA自成立以来，在倾听、反映货代企业呼声，坚决维护其合法权益方面做了大量工作，在沟通政府与企业之间的关系、协调企业关系过程中扮演着重要的角色，得到了政府部门、货代企业及社会各界的充分肯定和认同，为促进货代行业发展做出了开创性的贡献。

展望未来，任重而道远。中国货代协会将继续以“促进行业发展、加强会员服务”为中心任务，秉承“服务、负责、高效、和谐”的工作方针，大力发展服务贸易，促进贸易增长方式的转变，推动我国从贸易大国向贸易强国迈进，加强行业自律与协调管理，营造平等竞争的市场秩序，推动中国货代业同国际接轨，提高中国货代业的整体发展水平，促进中国货代行业的繁荣发展。

模块三
IATA 业务区的划分

学习目标

1. 了解 IATA 的分区情况
2. 熟练掌握常见城市的 IATA 分区情况

学习任务

任务内容： 确定世界主要城市所在国家和业务区。

任务要求： 1. 由学生填出世界主要城市所在国家和业务区。

2. 由小组内的一位学生来考查其他组员是否已经识记。

必备知识

为了制定国际航空运输中的运价计算规则，国际航空运输协会（IATA）把世界划分为三个区域及一些下属次区。这样划分出的区域称为“国际航协运输业务区”（IATA Traffic Conference Areas）。IATA 区域和次区的概念与地理上通常所说的区域并不完全一致。

一、IATA 一区

指南北美洲大陆及其邻近的岛屿，格陵兰，百慕大，西印度群岛及加勒比海群岛、夏威夷群岛（包括中途岛和棕榈岛）。

（一）北美洲次区

包括阿拉斯加、加拿大、美国大陆、夏威夷、墨西哥、圣皮埃尔和密克隆。

（二）中美洲次区

包括伯利兹、哥斯达黎加、萨尔瓦多、危地马拉、洪都拉斯、尼加拉瓜。

（三）南美洲次区

包括阿根廷、玻利维亚、巴西、智利、哥伦比亚、厄瓜多尔、法属圭亚那、圭亚那、巴拿马、巴拉圭、秘鲁、苏里南、乌拉圭、委内瑞拉。

（四）加勒比次区

包括巴哈马、百慕大、加勒比群岛、圭亚那、法属圭亚那、苏里南。

二、IATA 二区

指欧洲（包括俄罗斯联邦的欧洲部分）和邻近的岛屿，冰岛，亚速尔群岛，非洲及其邻近的岛屿，阿森松岛以及亚洲的一部分，即伊朗以西（包括伊朗）。

（一）欧洲次区

包括阿尔巴尼亚、安道尔、亚美尼亚、奥地利、阿塞拜疆、亚速尔群岛、比利时、白俄罗斯、保加利亚、加那利群岛、克罗地亚、捷克共和国、斯洛伐克、丹麦、爱沙尼亚、芬兰、法国、格鲁吉亚、德国、直布罗陀、希腊、匈牙利、冰岛、爱尔兰、意大利、拉脱维亚、立陶宛、列支敦士登、卢森堡、马其顿、马德拉群岛、马耳他、摩尔多瓦、摩纳哥、荷兰、挪威、波兰、葡萄牙、罗马尼亚、俄罗斯（乌拉尔山脉以西）、圣·马利诺、斯洛文尼亚、西班牙、瑞典、瑞士、土耳其、乌克兰、英国、南斯拉夫、摩洛哥、突尼斯、阿尔及利亚（地理上的非洲国家）。

（二）中东次区

包括巴林、塞浦路斯、伊朗、伊拉克、以色列、约旦、科威特、黎巴嫩、阿曼、卡塔尔、沙特阿拉伯、叙利亚、阿联酋、也门、埃及、苏丹（地理上的非洲国家）。

（三）非洲次区

中非、东非、印度洋群岛、南非和西非等。

（1）中非：马拉维、赞比亚、津巴布韦。

（2）东非：布隆迪、吉布提、厄立特里亚、埃塞俄比亚、肯尼亚、卢旺达、索马里、坦桑尼亚、乌干达。

（3）印度洋群岛：科摩罗、马达加斯加、毛里求斯、马约特、留尼旺岛、塞舌尔岛。

（4）南非：博茨瓦纳、莱索托、莫桑比克、南非、纳米比亚、斯威士兰和乌姆塔塔。

（5）西非：安哥拉、贝宁、布基纳法索、喀麦隆、佛得角、中非共和国、乍得、刚果、科特迪瓦、赤道几内亚、加蓬、冈比亚、加纳、几内亚、几内亚比绍、利比里亚、马里、毛里塔尼亚、尼日尔、尼日利亚、圣多美和普林西比、塞内加尔、塞拉利昂、多哥、扎伊尔。

三、IATA 三区

指伊朗以东的亚洲部分及其邻近的岛屿（不包括已经在二区内的地区），东印度群岛，澳大利亚，新西兰及其邻近的岛屿，太平洋岛屿（不包括已经在一区内的地区）。

（一）南亚次大陆次区

包括阿富汗、孟加拉国、不丹、印度（包括安达曼群岛）、马尔代夫、尼泊尔、巴基斯坦、斯里兰卡。

（二）东南亚次区

包括文莱、柬埔寨、中国、关岛、印度尼西亚、哈萨克斯坦、吉尔吉斯斯坦、老挝、马来西亚、马绍尔群岛、密克罗尼西亚联邦、蒙古、缅甸、北马里亚纳群岛、帕劳、菲律宾、俄罗斯（乌拉尔山脉以东）、新加坡、塔吉克斯坦、泰国、土库曼斯坦、乌兹别克斯坦、越南。

（三）西南太平洋次区

包括萨摩亚（美）、澳大利亚、库克群岛、斐济群岛、法属波利尼西亚、基里巴斯、瑙鲁、新喀里多尼亚、新西兰、巴布亚新几内亚、西萨摩亚、所罗门群岛、汤加、图瓦卢、瓦努阿图、瓦利斯和富图纳群岛。

（四）日本/朝鲜次区

包括日本、韩国、朝鲜。

学生练习

请完成以下国家（地区）的IATA分区情况表（见表 3－1）。

表 3－1

序号	国家（地区）	洲别	所在 IATA 业务区	序号	国家（地区）	洲别	所在 IATA 业务区
1	中国			14	瑞典		
2	新加坡			15	伊朗		
3	英国			16	澳大利亚		
4	巴西			17	德国		
5	美国			18	法国		
6	西班牙			19	新西兰		
7	立陶宛			20	印度		
8	秘鲁			21	泰国		
9	南非			22	墨西哥		
10	塞内加尔			23	瑞士		
11	智利			24	丹麦		
12	马来西亚			25	荷兰		
13	马尔代夫			26	印度尼西亚		

续前表

序号	国家（地区）	洲别	所在 IATA 业务区	序号	国家（地区）	洲别	所在 IATA 业务区
27	蒙古			39	哥伦比亚		
28	伊拉克			40	巴基斯坦		
29	赞比亚			41	中国香港		
30	加拿大			42	乌克兰		
31	阿根廷			43	哈萨克斯坦		
32	日本			44	埃塞俄比亚		
33	挪威			45	巴拉圭		
34	奥地利			46	俄罗斯		
35	希腊			47	卢森堡		
36	韩国			48	菲律宾		
37	阿联酋			49	阿富汗		
38	比利时			50	朝鲜		

任务实施

1. 填写表 3－2 所列的城市所在的国家、洲及所在的业务区。

2. 查询表 3－2 所列城市的 IATA 三字代码，并填写表 3－2。

（查询参考书：《航空运输地理》；查询参考网址：http://www. seabay. cn/cn/code/show. asp）

表 3－2

序号	城市名称	所属国家	所在的洲	IATA 分区	次区	IATA 三字代码
1	北京					
2	伦敦					
3	曼谷					
4	东京					
5	首尔					
6	新加坡					
7	哥本哈根					
8	巴黎					
9	悉尼					
10	阿姆斯特丹					
11	纽约					
12	奥克兰					
13	布宜诺斯艾利斯					
14	温哥华					
15	法兰克福					

续前表

序号	城市名称	所属国家	所在的洲	IATA 分区	次区	IATA 三字代码
16	迪拜					
17	上海					
18	芝加哥					
19	约翰内斯堡					
20	大阪					

任务评价

请对学生完成“任务实施”的结果进行评价，并将评价结果填在表 3-3 中。

表 3-3

评价方式	检测个数	正确个数	错误个数	错误点记录
组员检测	20			
教师抽测	5			

知识拓展

我国主要的通航国家和城市

1. 一区（TC1）：我国通航的国家为北美的加拿大和美国。主要城市有温哥华 YVR、多伦多 YTO（YYZ）、旧金山 SFO、西雅图 SEA、洛杉矶 LAX、芝加哥 CHI 和纽约 NYC。

2. 二区（TC2）：我国通航的国家主要为欧洲国家，也有少数中东和非洲国家，它们是英国、法国、比利时、西班牙、瑞典、埃及、以色列、土耳其和埃塞俄比亚。主要城市有伦敦 LON、巴黎 PAR、法兰克福 FRA、哥本哈根 CPH、斯德哥尔摩 STO、柏林 BER、马德里 MAD、苏黎世 ZRH 和开罗 CAI 等。

3. 三区（TC3）：我国通航的国家主要为亚洲国家，也有少数大洋洲国家，它们是日本、韩国、越南、马来西亚、新加坡、印度尼西亚、澳大利亚等。主要城市有东京 TYO、大阪 OSA、福冈 FUK、长崎 NGS、新加坡 SIN、悉尼 SYD、雅加达 JKT 等。

模块四
国际时区与飞行时间

学习目标

1. 了解时区的概念和时区的划分依据
2. 知道世界主要城市属于哪一时区
3. 掌握计算飞行时间的方法

学习任务

任务内容： 某公司在北京交运了一只藏獒运至巴黎，预订 AF129 航班，为了能够明确喂食、喂水事宜，该公司的负责人想知道本次飞行共需要多长时间。

任务要求： 1. 确定始发地和目的地所在的时区。
2. 查询 AF129 航班的起飞和到达时间。
3. 计算始发地到目的地的飞行时间。
4. 由学生个人完成任务。

必备知识

一、时区

由于地球不停地由西向东自转，东面亮得早，正午时刻也来得早，这样，地球上经度不同的地区时刻也不同。当飞行跨越各经度时，就产生时刻上的不统一。正确掌握时差换算，对于各项运输十分重要。

1884 年在华盛顿举行的国际经度会议上，确定了以平太阳时为基础的标准时刻度。平太阳时就是日常用的手表时间，这种标准时刻度规定，按经度线把全球划分为 24 个标准时区，每个时区跨 15°经度。本初子午线所在的时区叫零时区，也叫中央时区。中央时区的中央经线通过英国格林尼治天文台原址的 0°经线向东、西各 7.5°构成中央时区。中央时区的区时被称为世界标准时或格林尼治标准时（GMT）。每 15°经线划分为一个时区，全球共分为东西 12 个时区。

二、时差

由于地球的自转使得地球上经度不同的地区的地方时出现差异，称为时差。

两个时区的标准时间（即时区数）相减就是时差，时区数值大的时间早。比如中国是东八区（+8），美国东部是西五区（−5），两地的时差是 13 个小时，即北京比纽约要早 13 个小时。

三、飞行时间和飞行时间的计算

（一）飞行时间

飞行时间是指自始发地至目的地机场之间的运输时间，包括中转时间。

（二）飞行时间的计算

航班时刻表上的出发和到达时间都是以当地时间（Local Time）公布的，所以在计算航班飞行时间时，要通过时差的换算，具体计算方法和步骤如下：

计算表 4－1 中所示航班的飞行时间。

表 4－1　航班飞行时间

起飞	到达	航班号	机型	班期
Beijing 10:35	Frankfurt 14:25	CA6221	747	1234567

解：第一步：查出始发地与目的地的标准时区。

Beijing　　+0800

Frankfurt　　+0100

第二步：将始发地与目的地的时间换算成同一时间，即将两地的时间均换算成标准时。

标准时＝当地时－时区数

In Beijing　　标准时＝1035－(+0800) ＝0235

In Frankfurt　　标准时＝1425－(+0100) ＝1325

第三步：飞行时间等于到达时间减去起飞时间。

1325－0235＝1050

结论：该航班的飞行时间为 10 小时 50 分钟。

四、夏令制

在世界时间换算表中还有一组时间“Daylight Saving Time”，简称 DST，这是指夏时制。夏时制是一种为节约能源而人为规定地方时间的制定。在国际时间换算表中，不少国家在“Daylight Saving Time”一栏有数字，表示执行夏时制，“DST Effective Period”表示执行夏时制的时间。如法国，DST为+2，执行时间为31Mar02—27Oct2。

五、多时区国家

一些联邦制国家在本国实行多时区制，如美国、加拿大、澳大利亚等国家，在国际时间换算表中，这类国家名的右上角标有“**”。

航空公司公布的航班时刻表均为当地时间，在多时区国家旅行时要考虑时差问题，以免造成时间上的混乱。

学生练习

请计算表4-2中所示航班的飞行时间。

表4-2

起飞	到达	航班号	机型	班期	备注
Sydney 16:50	Vienna 04:10+	QF438	333	1234567	

任务实施

按照下列步骤完成任务：

1. 查出始发地与目的地的标准时区。

Beijing：

Paris：

2. 查询AF129的起飞时间和到达时间。

（提示：参考查询网址 http://www. feeyo. com/flightsearch. Htm）

起飞时间：

到达时间：

3. 将始发地与目的地的时间换算成同一时间。

（提示：将两地的时间均换算成标准时）

Beijing　　起飞标准时

Paris　　到达标准时

4. 计算飞行时间。

5. 填写结论：

Hours	Minutes

任务评价

各组组长对组员完成“任务实施”的结果进行评价，如果结果正确就在表 4-3 中相应的空格内打“√”，并对计算过程做简要判断。

表 4-3

评价方式	查找时区	起飞、到达时间	标准时	飞行时间	计算过程条理是否清晰
组长评价					
教师评价					

知识拓展

一天能过 24 次新年，你相信吗？

每年的阳历 12 月 31 日深夜 12 点，当钟声敲响的时候，新的一年就来到了。人们敲锣打鼓，在欢声笑语中，送走了过去的一年，迎来了祥和的新年，并沉浸在节日欢快的气氛中。全世界是不是都在同一时刻辞旧迎新呢？答案当然是否定的。学过地理的人用学过的时区和区时的知识来简单地推算一下，就明白了。当北京进入新年时，美国华盛顿（西五区）却是 12 月 31 日上午的 11 点，英国伦敦（中时区）是 12 月 31 日下午 4 点，我国的乌鲁木齐是 12 月 12 日晚上 10 点，显然那里的人都没有进入新年，然而与我国相邻的日本已是新年的 1 月 1 日凌晨 1 点钟了。

我们都知道，地球是围绕着太阳自西向东公转的，因此在地球上东边的点始终比西边的点先见到太阳，人们将这种因经度不同引起的时间差异称为地方时，它给人们的生产和生活，特别是交通和通信带来许多不便。为了解决全世界时间混乱的问题，来自各国的科学家经过商量讨论决定统一时间标准，把全球按经线划分为 24 个时区，每个时区都以中央经线的地方时作为时区的时间标准。因此，世界不同时区进入新年的时间也不一样，假如你在一天时间之内想过 24 次新年，这是办得到的：当你在世界上第一个响起新年钟声的时区迎接了新年之后，立即坐飞机以每小时 1 700 千米的速度向你所在出发点以西的方向飞行，那么你就能够及时在下一个时区度过第二个新年，以此类推，你不断向西飞行，在一天之内保证可以过上 24 个新年。

模块五
飞机的分类与布局

学习目标

1. 掌握飞机的不同分类
2. 了解飞机的机型代码及布局安排

学习任务

任务内容：某货代公司由北京运输一票货物至新加坡，由于货物量较大，计划使用集装器，希望能够确定飞往新加坡的哪些航班可以使用集装器。

任务要求：小组讨论完成任务，列出可以使用集装器的航班。

必备知识

一、飞机的划分

（一）按外形划分

（1）窄体飞机：客舱宽约 3 米，并且客舱内只有一条通道，下舱只能运散货。

如：Airbus——A320。

Boeing——B707，B727，B737，B757，DC-8，DC-9，MD-80。

（2）宽体飞机：客舱宽度不低于 4.72 米，客舱内有两条通道，下舱可以装散货，也可装集装箱。

如：Airbus——A300，A310，A330，A340，A380。

Boeing——B747，B767，B777，B787。

Mcdonnell Douglas——DC-10，DC-11。

窄体飞机横截面图

宽体飞机横截面图

（二）按主舱所装对象划分

（1）全客机：主舱全部用于载客，下舱用于装载货物、邮件等。

（2）全货机（F）：主舱和下舱全部用于装载货物和邮件。

（3）客货两用机（M）：主舱既载旅客又载货物，下舱载货物及邮件。

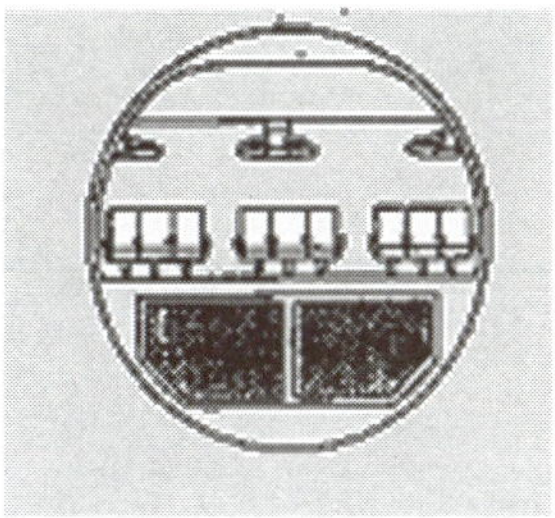

全客机横截面图

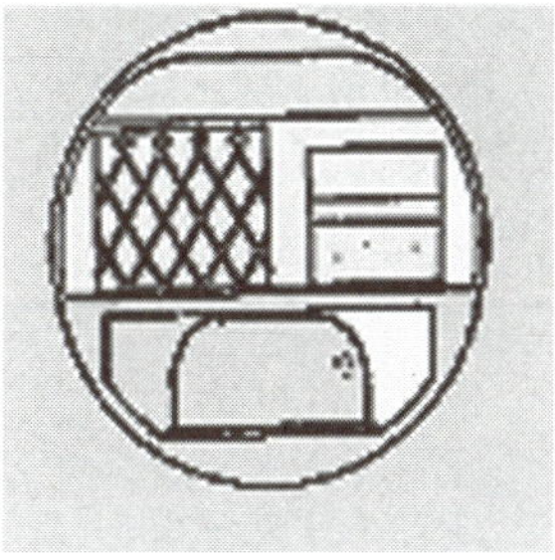

全货机横截面图

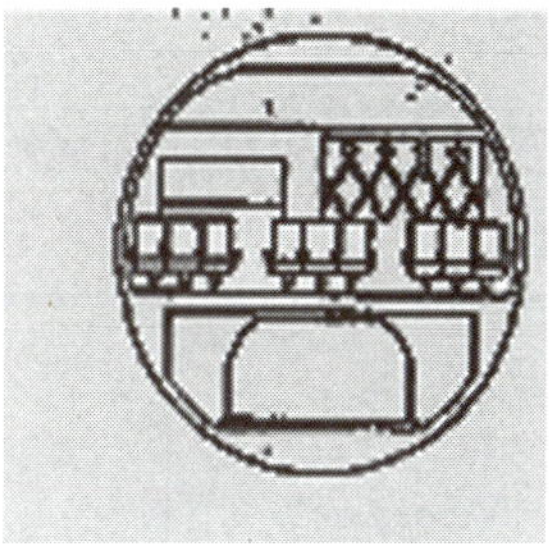

客货两用机横截面图

二、飞机的布局及舱位的安排

（一）飞机的布局

根据飞机内部的使用计划，航空公司将对每一种布置形式给出相应的代码，这个代码通常被称作飞机的“Version”。即使同一种机型，其内部布局也可能不同。

（二）舱位的安排

从结构上讲，飞机的舱室被划分为主舱和下舱（B747 和 A380 设置上舱）。而位于飞机下舱的前、后货舱可以被进一步划分。DC-10 的下舱如下图所示。

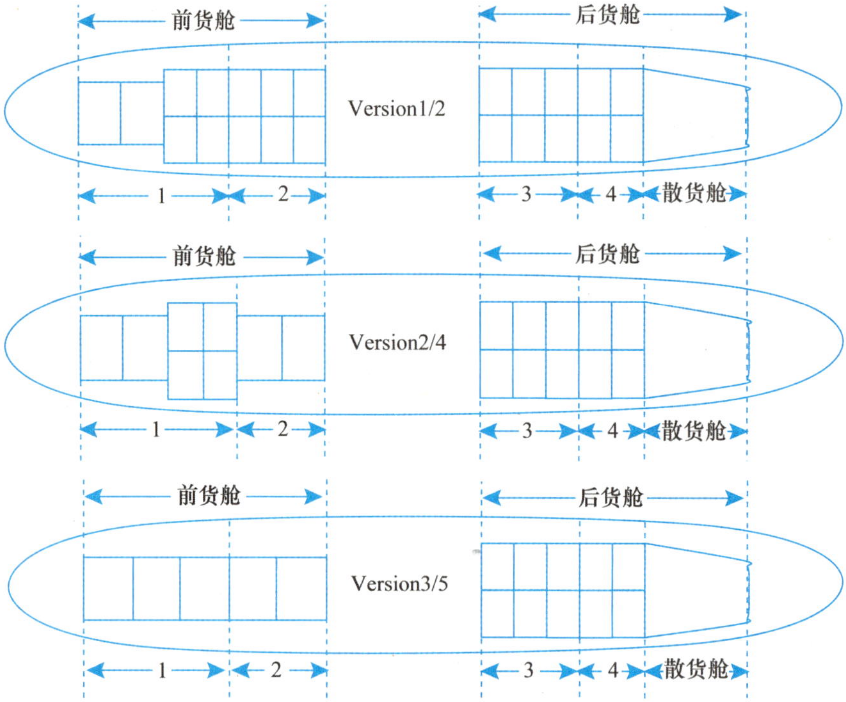

DC-10 的下舱示意图

DC-10 的下舱布局代码的含义如表 5－1 所示。

表 5－1　　下舱布局代码的含义

布局代码＼下舱	1	2	3	4
Version1/2	2 块集装板 4 个集装箱	6 个集装箱	6 个集装箱	4 个集装箱
Version2/4	2 块集装板 4 个集装箱	2 块集装板	6 个集装箱	4 个集装箱
Version3/5	3 块集装板	2 块集装板	6 个集装箱	4 个集装箱

（三）货舱内货物的固定

机舱地板上装有球台和滚棒，装集装器时既可机械化作业，也可人工将集装器移动到指定位置上，之后要用货舱地板上装备的锁定系统将其固定，以防止在飞行过程中发生位移。集装器可通过侧货舱门装入，B747 的主舱也可通过机头门装入集装器。

机舱地板上的设备

通过机头门装入集装器

固体舱壁和隔离网是防止货物在飞行过程中发生位移的限制系统的组成部分，另外还可以采用其他防护措施，如网、锚链、带子、绳子等。

三、飞机的载重限制

每架飞机都有自身安全起飞的最大重量，这个数据是由飞机制造者设计的，如B747-200F的最大起飞重量是337吨，B737-300的最大起飞重量是60吨，具体公式如下：

最大起飞重量＝修正后的基本重量＋起飞油量＋最大可用业载1
最大着陆重量＝修正后的基本重量＋备用油量＋最大可用业载2
最大无油重量＝修正后的基本重量＋最大可用业载

（注：修正后的基本重量＝飞机自重＋机组及机组行李＋食品重量；起飞油量＝总油量－滑行用油）

⇒最大可用业载1＝最大起飞重量－修正后的基本重量－起飞油量
最大可用业载2＝最大着陆重量－修正后的基本重量－备用油量
最大可用业载3＝最大无油重量－修正后的基本重量

三种方式计算所得最大可用业载1、2、3取最小值，即为该航班的最大可用业载。

实际业载＝旅客重量＋行李重量＋货物重量＋邮件重量

（注：旅客重量可按下列数据核算：成人——72kg；儿童——36kg；婴儿——8kg）

飞机的载重限制：航班的实际业载不得超过该航班的最大可用业载。

四、机型代码

国际航空运输协会给每个机型规定了相应的代码，这些代码在日常工作中得到了广泛的应用。如738代表Boeing737-800；74F代表Boeing747所有系列的全货机。（具体见附录二）

学生练习

1. 宽体飞机与窄体飞机的区别是什么？请在横线上写出来。

____

____

2. 查表并写出下列代码所代表的机型。

738 ______________ 74M ______________

320 ______________ 75F ______________

744 ______________ 310 ______________

3. 请将下列常用的机型分类，并将结果写在横线上。

波音系列：	B737	B747	B757	B767	B777	B787
空客系列：	A300	A310	A320	A330	A340	A380

窄体飞机____

宽体飞机____

任务实施

请根据北京至新加坡的航班时刻表（见表 5－2）确定所用机型是否可以使用集装器，并将结果填入表 5－3。

表 5－2

北京至新加坡的航班时刻表（摘录）

BEIJING CHINA PR OF (BJS) +0800

CAPITAL(PEK).15mls/25kms N of Beijing.General check-in 60mins exceptAF30,BA90,CAInt150,Dom120,CZ90,ET90,H490,IR180,KA90,KE20,LY45,MU30,NX120,PK120,SQ120,SR,TG,UA90,QF Economy90,3U 30mins.

......

Singapore SIN SIN-Changi

1234567	**0835**PEK	**1450**SIN	**SQ**	811	310	PAJDY	0
-2-----	**1230**PEK	**1900**SIN	**CA**	975	777	FCYBH	0
----5--	**1230**PEK	**1900**SIN	**CA**	975	767	FCYBH	0
1-34-6-	**1235**PEK	**2025**SIN	**CA**	957	767	FCYBH	1
------7	**1250**PEK	**1920**SIN	**CA**	975	777	FCYBH	0
1--4---	**1310**PEK	**2045**SIN	**CZ**	353	320	CDIYT	1
-----6-	**1320**PEK	**1940**SIN	**CZ**	355	757	CDIYT	0
1234567	**1610**PEK	**2225**SIN	**SQ**	801	343	PAJDY	0

表 5－3

北京至新加坡能使用集装器的航班

序号	航班号	机型代码	机型

任务评价

一组同学完成“任务实施”后，另一组同学评价所得结论是否正确，并将评价结果填在表 5－4 中。

表 5－4

评价方式	是否漏选航班	漏选的航班	机型代码是否正确	评价人	小组合作情况
他组评价					—
教师意见					

知识拓展

空中巨无霸——A380

空中客车 A380 全机身长度、双层客舱、四台发动机使其具有最易辨认的独特外形。空中客车 A380 在单机旅客运力上具有无可匹敌的优势。在典型三舱等（头等舱—商务舱—经济舱）布局下可承载 525 名乘客。空中客车 A380 被空中客车公司视为 21 世纪的“旗舰”产品。A380 在投入服务后，打破波音 747 在远程超大型宽体客机领域统领 35 年的纪录，结束了波音 747 在市场上 30 年的垄断地位，成为载客量最大的民用客机（不过载重量最大的民用飞机仍是安东诺夫的安 225 运输机）。

空中客车 A380 采用了更多的复合材料，改进了气动性能，使用新一代的发动机以及先进的机翼、起落架；减轻了飞机的重量，减少了油耗和排放，百公里油耗及二氧化碳排放更低；降低了营运成本，A380 舱内的环境更接近自然。客机起飞时的噪声比当前噪声控制标准（ICAO）要低得多。A380 是首架每乘客（座）/百千米油耗不到 3 升的远程飞机。

模块六
集装设备

学习目标

1. 了解集装设备的作用和种类
2. 掌握几种常见的集装板、箱的尺寸和装载机型

学习任务

任务内容：某货代公司由北京运输一票货物至新加坡，由于货物量较大，必须使用集装箱运输，货主希望货物走周二的CA975航班，请确定该航班的机型可以使用哪种常用的集装箱。

任务要求：小组讨论完成任务，列出可以使用的集装箱代码。

必备知识

一、使用集装设备的优势

为了更好地处理大体积、大批量的货物运输，可将货物按一定的流向装入集装器（集装箱/板）内进行整装整卸。

集装器被视为飞机构造中可拆卸的一部分，能放集装器的飞机货舱底部一般均设置滚轴及叉眼装置，集装器的底部直接与这些装置相接触，可使集装器平稳地进入货舱并牢固地固定在机舱内。

二、集装器的种类

（一）按外形划分

1. 集装板

集装板是根据机型要求制造的一块带有中间夹层的硬铝合金平板，当货物放上去后，用网罩或拱形盖板固定，然后锁定装入货舱内，以达到速装速卸的目的。

集装板装机

2. 集装箱

（1）空陆联运集装箱（Intermodal Containers）。

长为 20ft 或 40ft，高和宽为 8ft，可装在宽体货机的主舱内。此类集装箱为非专用航空集装箱，主要用于陆空、海空联运。

（2）主舱集装箱（Main Deck Containers）。

高为 163cm 或更高一些，只能装在货机或客货两用机的主舱内。

（3）下舱集装箱（Lower Deck Containers）。

高度不超过 163cm，只能装在宽体飞机下部货舱内，有全型和半型两种，下舱内可放入一个全型和两个半型的此类集装箱。

另外，还有一些具有特殊用途的集装箱，如保温箱，分为密封保温箱和动力控制保温箱两种；还有用于载运活体动物和特种货物的专用集装器，如马厩、牛栏、汽车运输设备。

（二）按注册与非注册划分

1. 注册的飞机集装器

注册的飞机集装器是政府有关部门授权集装器生产厂家生产的，适于飞机安全载运的，在其使用过程中不会对飞机的内部结构造成损害的集装器。

2. 非注册的飞机集装器

非注册的飞机集装器是指未经有关部门授权生产的，未取得适航证书的集装器。非注册的集装器不能看作飞机的一部分，因为它与飞机不匹配，一般不允许装入飞机的主货舱，但可用于地面操作。

三、集装器的代码

为了便于集装设备的管理，IATA 赋予每个集装器 9 位的代码，每一部分都有特殊的意义，如 PAP5001MU（有的集装器代码的中间数字为 5 位）。

（一）代码的组成

集装器代码的组成如表 6－1 所示。

表 6-1 集装器代码的组成

位置	字母或数字	含义
1	字母	类型
2	字母	尺寸
3	字母	外形或适配
4、5、6、7	数字	序号
8、9	字母	所有人、注册人

（二）代码的含义

1. 首位字母表示集装器的类型

集装器代码中首位字母的含义如表 6-2 所示。

表 6-2 集装器代码中首位字母的含义

首位字母	字母含义	首位字母	字母含义
A	注册的飞机集装器	N	注册的飞机集装板网套
B	非注册的飞机集装器	P	注册的飞机集装板
F	非注册的飞机集装板	R	注册的飞机保温箱
G	非注册的集装板网套	U	非结构集装棚
J	保温的非结构集装棚	H	马厩
M	保温的非注册的飞机集装箱	V	汽车运输设备
X、Y、Z	供航空公司内部使用		

2. 第二位字母表示集装器的尺寸

集装器代码中第二位字母的含义如表 6-3 所示。

表 6-3 集装器代码中第二位字母的含义

第二位字母	集装器尺寸	第二位字母	集装器尺寸
A	224×318cm (88×125in)	K	153×156cm (60.4×61.5in)
B	224×274cm (88×108in)	L	153×318cm (60.4×125in)
E	224×135cm (88×53in)	M	244×318cm (96×125in)
G	224×606cm (96×238.5in)		

3. 第三位字母表示集装器的外形以及与飞机的适配性

集装器代码中第三位字母的含义如表 6-4 所示。

表 6-4 集装器代码中第三位字母的含义

第三位字母	集装器外形以及与飞机的适配性
E	适用于 B747、A310、DC10、L1011 下货舱无叉眼装置的半型集装箱
N	适用于 B747、A310、DC10、L1011 下货舱有叉眼装置的半型集装箱
P	适用于 B747COMB 上舱及 B747、A310、DC10、L1011 下货舱的集装板
A	适用于 B747 上舱的集装箱

4. 各类飞机装载集装器的数据

常见飞机装载集装器的数据如表 6-5 所示。

表 6－5 常见飞机装载集装器的数据

机型	舱门尺寸（高 cm×宽 cm）	最大装载量（散舱为容积，单位：m^3）	动物舱位
B747-400	主货舱 305×340	7 块 P6P 板＋1 块 20ft 板	可以
	前下货舱 168×264	5 块 P1P 板或 P6P 板	
	后下货舱 168×264	16 个 AVE 箱或 4 块 P6P 板 或 4 块 P1P 板＋4 个 AVE 箱	
	散货舱 119×112	12.3m^3（4 408kg）	
B767-300	前货舱 175×340	4 块 P1P 板或 P6P 板	可以（无气味）
	后货舱 175×187	14 个 DPE 箱或 7 块 PLA 板	
	散货舱 119×97	12m^3（2 925kg）	
B737-800	前货舱 89×122	19.6m^3（3 558kg）	可以
	后货舱 84×122	25.4m^3（4 850kg）	
A340-300	前货舱 169×270	4 块 P1P 板/P6P 板或 18 个 AVE 箱	可以
	后货舱 169×270	4 块 P1P/P6P 板或 14 个 AVE 箱	不可以
	散货舱 95×95	19.6m^3（3 468kg）	可以

5. 常用集装器简介

常用集装器的信息如表 6－6 所示。

表 6－6 常用集装器的信息

集装器名称	尺寸（长×宽×高）cm	最大装载重量（包括集装器的重量）kg	自重 kg	使用机型	图片
AKE	154×156×163	1 588	100	B747、B747F、B747Combi、B767、B777、A330、A340 等机型下货舱	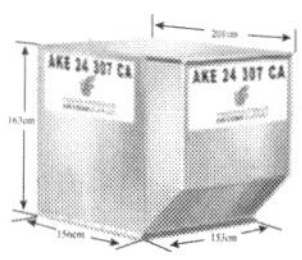
DPE	119×153×163	1 225	100	B767 下货舱、B747、B777 下货舱有条件装载	
ALF	318×154×163	3 175	160	B747、B747F、B747Combi、B777、A330、A340 等机型下货舱	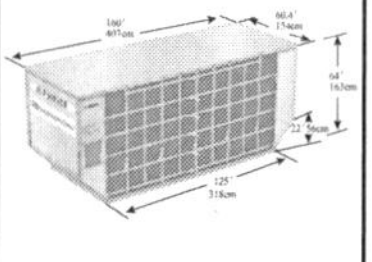
AMA	244×318×244	6 804	379	747F、B747Combi 主货舱	
HMJ	318×244×235	3 800	805	747F、B747Combi 主货舱	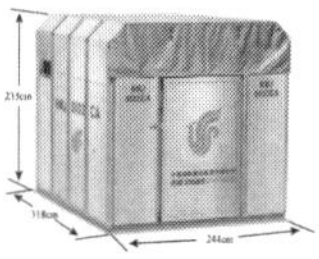

续前表

集装器名称	尺寸（长×宽×高）cm	最大装载重量（包括集装器的重量）kg	自重 kg	使用机型	图片
AMP	318×244×163	6 804	200	B747、B747F、B747Combi、B777、A330、A340 等机型下货舱；B747F、B747Combi 主货舱	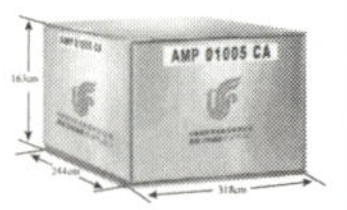
DQF	244×153×163	2 449	125	B767 下货舱	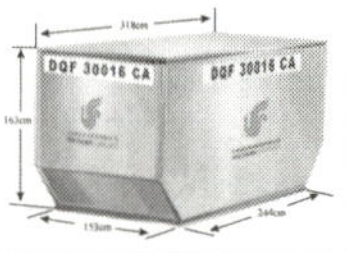
PAG	224×318	6 033	120	B747、B747F、B747Combi、B777、A330、A340 等机型下货舱；B747F、B747Combi 主货舱	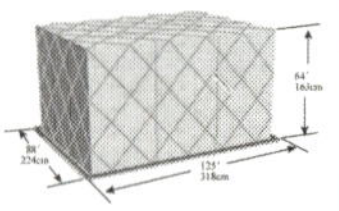
PMC	244×318	6 804	135	B747、B747F、B747Combi、B777、A330、A340 等机型下货舱；B747F、B747Combi 主货舱	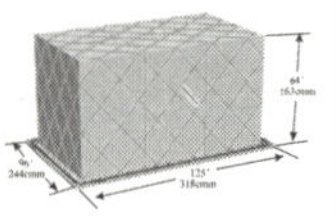

学生练习

1. 说明下图集装设备上代码的含义。

(a) AKE71427CZ

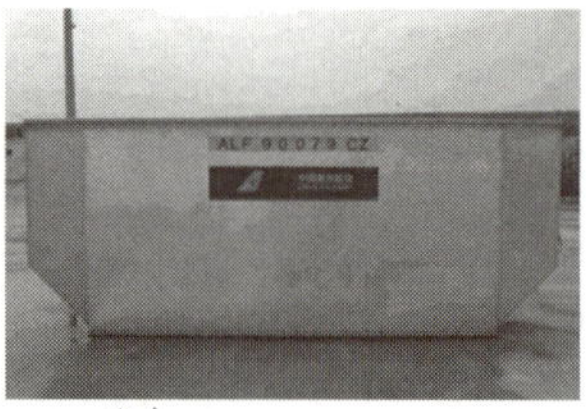

(b) ALF90079CZ

(c) DPE60266HU

(d) AMA30208KZ

2. 判断表 6－7 所列集装设备是否能够装入后面对应的机型，并将判断结果填入表 6－7。

表 6－7

集装器名称	B747 下货舱	B747F 主货舱	B767 下货舱	B777 下货舱	A330 下货舱	A340 下货舱
AKE						

续前表

集装器名称	B747 下货舱	B747F 主货舱	B767 下货舱	B777 下货舱	A330 下货舱	A340 下货舱
DPE						
ALF						
AMP						
DQF						
AMA						
HMJ						
PAG						
PMC						

任务实施

根据机型特点确定可以使用的集装箱的类型，并将结果写在横线上。

1. CA975（周二）所使用的机型：________________

2. 该机型可以使用的集装箱种类：________________

任务评价

一组同学完成“任务实施”后由另一组同学进行评价，将评价结果填在表6-8中。

表6-8

评价方式	机型代码	所选集装箱是否适合此航班的机型	评价人	小组合作情况
他组评价				—
教师意见				

知识拓展

国货航天津运营基地首次集装运输11米长货物

中国国际货运航空公司（以下简称“国货航”）天津运营基地出港室接收了某代理公司交运的一件超长货物，该货物是一根钻井杆，长度为11米，重760千克，预计使用12日KE318运往悉尼。货物入库后，出港室出港文件人员立刻到库内查看货物具体情况，经过大家一番研究，画出了组板的草图，并指导组装人员进行组装。由于货物超长，只能从鼻门装载。随后出港室、生产保障室领导和负责操作的部门的领班全部到机坪监督装机工作。随着货机鼻门的顺利关闭，天津运营基地又完成了一次特殊货物的装载，为今后独立操作货机积累了经验。

模块七
特种货物一：危险品

特种货物是指由于货物本身的性质、价值、体积或重量等原因，在承运时需特殊处理的货物的总称。其内容包括：危险品、活体动物、贵重货物、鲜活易腐货物、超大超重货物、押运货物、车辆；公务货物、灵柩骨灰、生物制品、菌种和毒种、植物和植物产品、枪械、弹药、急件货物、外交信袋、AOG 等。模块七～模块十将对前四种特种货物做详细阐述。

学习目标

1. 掌握九大类危险品的特性和常见物质
2. 了解多重危险性物质危险性的判断方法

学习任务

任务内容： 某货代公司的操作员小李在工作时遇到了如下几种货物：汽车、安全气囊、铅酸蓄电池、医用酒精，你能否帮助小李判断这几种货物是否属于危险品，如果是危险品，属于哪一类类危险品？

任务要求： 每组同学选择一种货物，分析该货物的性质与特点。

必备知识

航空危险品运输是航空货物运输的重要组成部分，随着国际贸易业务的不断增加，航空危险品的需求越来越大，所以从业人员需要了解和掌握有关危险品运输的基本规定和操作规则等基本知识。

一、危险品的定义

在民航运输中，凡具有爆炸、易燃、毒害、腐蚀、放射性等特性，在运输、装卸、仓储过程中可能危害人们健康或损坏运输设备及其他财产的物质和物品称为危险品。

二、危险品的分类

按照危险性的不同，危险品共分为九大类。

（一）爆炸品

（1）爆炸性物质：自身能够通过化学反应产生气体，其温度、压力和反应速度可对周围环境造成破坏的固体、液体或多种物质的混合物，如黑火药、TNT 炸药、1.4 项爆炸品。

黑火药

TNT 炸药

1.4 项爆炸品标签

（2）爆炸性物品：含有一种或几种爆炸性物质的制品，如手雷、子弹、地雷等。

手雷

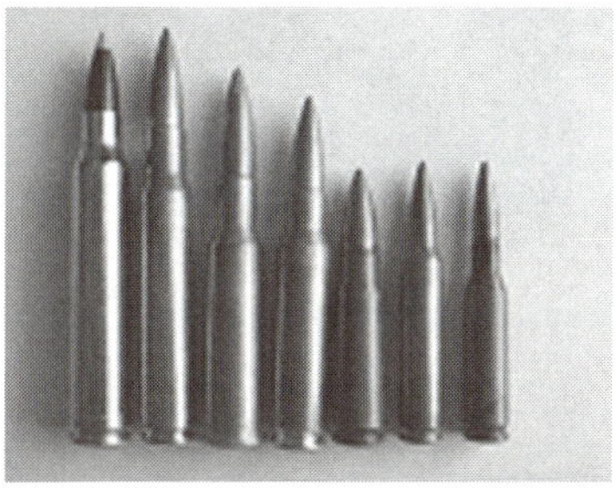

子弹

（3）烟火物质：用来产生热、光、声、气、烟的效果或这些效果的一种物质或几种物质的混合物，如瓦斯弹、催泪弹、气雾弹等。

催泪弹

气雾弹

（二）气体

（1）2.1 项易燃气体：如 H_2、C_2H_2、CH_4、C_2H_6、石油气等。

（2）2.2 项非易燃无毒气体：如 CO_2、N_2、O_2、NO、惰性气体等。

（3）2.3 项毒性气体：如 Cl_2、CO、SO_2 等。

2.1 项易燃气体标签

2.2 项非易燃无毒气体标签

2.3 项毒性气体标签

注意：气溶胶是指装有压缩气体、液化气体或加压溶解气体的一次性使用的金属、玻璃或塑料制成的容器，如装有摩丝、发胶、氧气、打火机的充气水等的容器，归为此类。

氧气容器

打火机充气水容器

（三）易燃液体

1. 定义

易燃液体是指在闭杯闪点试验中温度不超过 60.5℃或者在开杯试验中温度不超过 65.6℃时，产生易燃蒸气的液体、液体混合物、固体的溶液或悬浊液。

易燃液体标签

2. 衡量易燃液体危险程度的参数

（1）闪点。

在闪点测定仪中放入液体，下面加热，液体蒸发，使蒸气与空气混合，再用明火点燃混合气体，初次出现蓝色闪火时的温度称为闪点。

（2）燃点。

方法同上，持续5秒钟燃烧时的温度，称为燃点或着火点（一般比闪点高1℃～5℃）。

（3）沸点。

沸点是指液体沸腾时的温度。

3. 判断易燃液体的包装等级

易燃液体的包装等级依其闪点和沸点来划分，如表7-1所示。

表7-1　易燃液体包装等级的划分

包装等级	闪点（闭杯）	沸点
Ⅰ	—	＜35℃
Ⅱ	＜23℃	≥35℃
Ⅲ	≥23℃且≤60.5℃	

4. 常见的易燃液体

如酒精、汽油、乙醚等。

（四）易燃固体、自燃物质、遇水释放易燃气体的物质

（1）4.1项易燃固体：如红磷、硫黄。

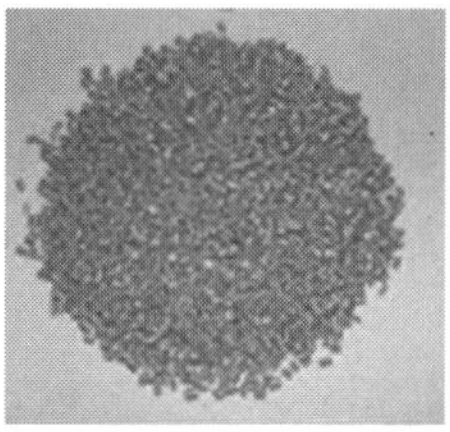

红磷

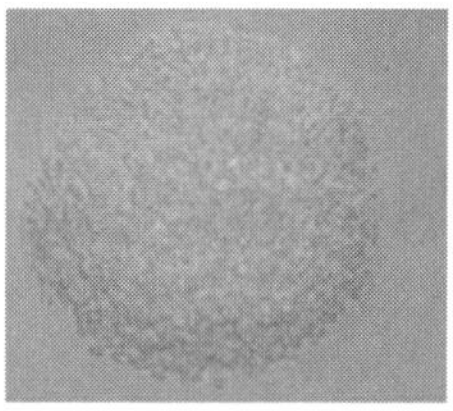

硫黄

4.1项易燃固体标签

（2）4.2项自燃物质：如白磷（黄磷）、硝化纤维胶片。

白磷（黄磷）

硝化纤维胶片

4.2项自燃物质标签

（3）4.3 项遇水释放易燃气体的物质：如高锰酸钾、金属钠、电石等。

高锰酸钾

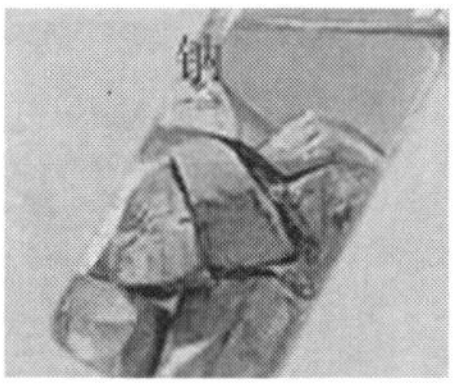

金属钠

4.3 项遇水释放易燃气体的物质标签

（五）氧化剂和有机过氧化物

（1）5.1 项氧化剂：如高锰酸钾、次氯酸钠（84 消毒液）、过氧化氢溶液（双氧水）等。

84 消毒液

双氧水

5.1 项氧化剂标签

（2）5.2 项有机过氧化物：过氧化氢中的氢原子被烷基、酰基、芳香基等有机基团置换而形成的过氧化物，不稳定、易分解。化工生产的有机过氧化物主要用来做合成树脂的聚合引发剂、催化剂。

环境中的污染空气在光的作用下通过自由基反应可产生过氧酰基硝酸酯类化合物，是光化学氧化剂中的粒种之一，对皮肤、眼睛、黏膜有强烈的刺激性，是大气中的重要污染物，如过氧化甲基乙基酮、过氧化苯甲酰等。

过氧化苯甲酰

5.2 项有机过氧化物标签

（六）毒性物质和传染性物质

（1）6.1 项毒性物质：在吞入、吸入或皮肤接触后，进入人体可导致死亡或危害健康的物质，如氢氰酸、砒霜、铅、苯胺、生漆等。

注意：来源于动植物或菌类的毒素，若无传染性也归为此项。

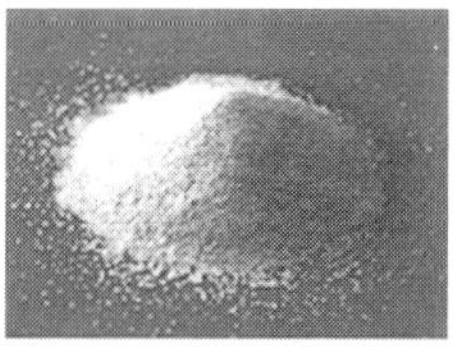

砒霜

6.1 项毒性物质标签

（2）6.2 项传染性物质。传染性物质是指含有病原体的物质，如艾滋病血样、医疗垃圾、细菌、病原体、诊断标本、生物制品等。

6.2 项传染性物质标签

（七）放射性物质

1. 定义

放射性比活度大于 70kBq/kg 的物质或物品称为放射性物质。

2. 危害性

在大剂量的照射下，放射性对人体和动物存在着某种损害作用。如在 400rad 的照射下，受照射的人有 5%死亡；在 650rad 的照射下，则人 100%死亡。照射剂量在 150rad 以下，死亡率为零，但并非无损害作用，往往需经 20 年以后，一些症状才会表现出来。放射性也能损伤遗传物质，主要在于引起基因突变和染色体畸变，使一代甚至几代受害。它的危险性在于能自发连续地放射出某类辐射，这种辐射对人体有害。

3. 运输规则

国际原子能机构（International Atomic Energy Agency，IAEA）在同联合国、有关专门机构及成员国协商的基础上制定了《放射性物质安全运输规程》，各种运输方式的国内、国际放射性物品安全运输法规都是以此为基础制定的。

放射性物质（Ⅰ级）标签

放射性物质（Ⅱ级）标签

放射性物质（Ⅲ级）标签

（八）腐蚀品

腐蚀品可分为三类：

（1）无机酸性腐蚀品，包括：酸性腐蚀品（如 HNO_3、H_2SO_4、SO_3、P_2O_5）和碱性腐蚀品（如 NaOH、KOH）。

（2）有机酸性腐蚀品，如甲酸、乙酸。

（3）其他腐蚀品，如 NaClO、苯酚、甲醛。

腐蚀品标签

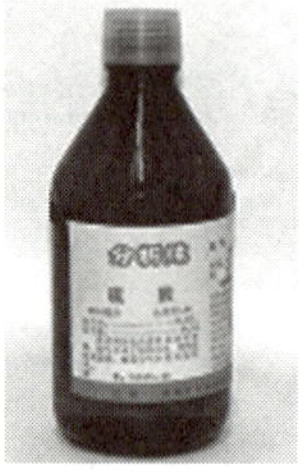

硫酸（H_2SO_4）

氢氧化钠（NaOH）

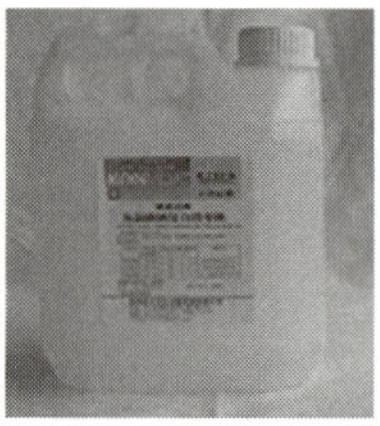

次氯酸钠（NaClO）

（九）杂项危险品

1. 定义

凡不属于前八类中的任何一类，但是在航空运输中确有危险性的物品，均归为第九类，即杂项危险品。

2. 常见物品

如石棉、干冰、环境污染物、救生设备、装有内燃机的机械设备、自带动力的交通工具、化学药品和急救工具等。

干冰

自带动力的交通工具

杂项危险品标签

三、多重危险性物质和物品的分类

某些危险品除具有易燃性外，有些还具有毒性；腐蚀性物质除具有腐蚀性外，不少也具有毒性，有些还具有易燃性。在出现危险性能交叉情况时应确定这两种或两种以上危险性中哪一个为主要特性，哪一个为次要特性。对此，在 DGR 中提出了以下原则：

第一，当两种危险性出现在第 3、4、8 类或 5.1、6.1 项内时，必须按照《多重危险性表》来确定：表中纵横交叉处的类项为其主要危险性，其他类项为次要危险性，并取二者中高级别的包装类别作为运输的正确包装类别。

第二，具有多重危险性的物质或物品，如果其中一种危险性符合下列类项标准，则这些类项永远作为主要危险性，而另外的特性则作为次要危险性：

（1）第 1、2、7 类。

（2）5.2 项和 6.2 项。

（3）4.1 项的自身反应物质、易放热物质和减敏爆炸品。

（4）4.2 项的自动燃烧物质。

（5）6.1 项Ⅰ级包装中具有吸入毒性的物质。

第三，若某物质所具有的危险性之一为 6.1 项（Ⅲ级包装），在分类时不考虑这种危险性；若某种农药具有的危险性为第 3 类（Ⅲ级包装）和 6.1 项（Ⅲ级包装），则它的主要危险性必须是 6.1 项（Ⅲ级包装）。

学生练习

说明表 7-2 所列物质或物品属于危险品中的哪一类。

表 7-2

序号	危险品名称	所属类/项（写出名称）	所具有的危险性	列举其他同类危险品
1	黑火药			
2	摩丝			
3	酒精			
4	氢气			
5	固体碳晶			
6	硝酸			
7	钠			
8	砒霜			
9	诊断标本			
10	干冰			
11	84 消毒液			
12	白磷			
13	氧气			
14	手机电池			
15	生漆			

任务实施

1. 所选择的货物名称为：________________________________

2. 该货物的性质、特点为：________________________________

3. 该物品是否属于危险品？ ______________________________

4. 该危险品所属的类别/项别为： ______________________________

任务评价

将对“任务实施”的评价结果填入表 7-3。

表 7-3

评价方式	判断是否为危险品	判断危险品的分类是否正确	评价组/人	小组合作情况
组内评价				
他组评价				—
教师意见				

知识拓展

民航旅客限制随身携带或托运物品目录

一、禁止随身携带但可以作为行李托运的物品

（一）锐器

该类物品是带有锋利边缘或者锐利尖端，由金属或其他材料制成的、强度足以造成人身严重伤害的器械，主要包括：

1. 日用刀具（刀刃长度大于 6 厘米），如菜刀、水果刀、剪刀、美工刀、裁纸刀；
2. 专业刀具（刀刃长度不限），如手术刀、屠宰刀、雕刻刀、刨、铣刀；
3. 用作武术文艺表演的刀、矛、剑、戟等。

（二）钝器

该类物品是不带有锋利边缘或者锐利尖端，由金属或其他材料制成的、强度足以造成人身严重伤害的器械，主要包括：棍棒（含伸缩棍、双节棍）、球棒、桌球杆、板球球拍、曲棍球杆、高尔夫球杆、登山杖、滑雪杖、指节铜套（手钉）。

（三）其他

其他能够造成人身伤害或者对航空安全和运输秩序构成较大危害的物品，主要包括：

1. 工具，如钻机（含钻头）、凿、锥、锯、螺栓枪、射钉枪、螺丝刀、撬棍、锤、钳、焊枪、扳手、斧头、短柄小斧（太平斧）、游标卡尺、冰镐、碎冰锥；
2. 其他物品，如飞镖、弹弓、弓、箭、蜂鸣自卫器以及不在国家规定管制范围内的电击器、梅斯气体、催泪瓦斯、胡椒辣椒喷剂、酸性喷雾剂、驱除动物喷剂等。

二、随身携带或者作为行李托运有限定条件的物品

（一）随身携带有限定条件但可以作为行李托运的物品

1. 旅客乘坐国际、地区航班时，液态物品应当盛放在单体容器容积不超过 100mL

的容器内随身携带，与此同时盛放液态物品的容器应置于最大容积不超过1L、可重新封口的透明塑料袋中，每名旅客每次仅允许携带一个透明塑料袋，超出部分应作为行李托运；

2. 旅客乘坐国内航班时，液态物品禁止随身携带（航空旅行途中自用的化妆品、牙膏及剃须膏除外）。航空旅行途中自用的化妆品必须同时满足三个条件（每种限带一件、盛放在单体容器容积不超过100mL的容器内、接受开瓶检查）方可随身携带，牙膏及剃须膏每种限带一件且不得超过100g（mL）。旅客在同一机场控制区内由国际、地区航班转乘国内航班时，其随身携带入境的免税液态物品必须同时满足三个条件（出示购物凭证、置于已封口且完好无损的透明塑料袋中、经安全检查确认）方可随身携带，如果在转乘国内航班过程中离开机场控制区则必须将随身携带入境的免税液态物品作为行李托运；

3. 婴儿在航空旅行途中必需的液态乳制品、糖尿病或者其他疾病患者在航空旅行途中必需的液态药品，经安全检查确认后方可随身携带；

4. 旅客在机场控制区、航空器内购买或者取得的液态物品在离开机场控制区之前可以随身携带。

（二）禁止随身携带但作为行李托运有限定条件的物品

酒精饮料禁止随身携带，作为行李托运时有以下限定条件：

1. 标识全面清晰且置于零售包装内，每个容器容积不得超过5L；

2. 酒精的体积百分含量小于或等于24%时，托运数量不受限制；

3. 酒精的体积百分含量大于24%、小于或等于70%时，每位旅客托运数量不超过5L。

（三）禁止作为行李托运且随身携带有限定条件的物品

充电宝、锂电池禁止作为行李托运，随身携带时有以下限定条件（电动轮椅使用的锂电池另有规定）：

1. 标识全面清晰，额定能量小于或等于100Wh；

2. 当额定能量大于100Wh、小于或等于160Wh时必须经航空公司批准且每人限带两块。

三、国家法律、行政法规、规章规定的其他限制运输的物品（略）

模块八

特种货物二：活体动物

学习目标

1. 了解活体动物的定义
2. 熟练掌握活体动物收运的注意事项

学习任务

任务内容： 杨女士准备出国定居，但是她舍不得丢下在国内养了多年的狗，所以想把她的狗以货物的形式带出国，她想知道运输前应该注意哪些问题。

任务要求： 每位学生列出杨女士需要注意的问题清单。

必备知识

为保证活体动物安全到达目的站，IATA 出版的《活体动物规则》（Lar-live Animal Regulations，LAR）规定了运输动物的最低标准。收运活体动物时应以 LAR 为依据，并严格遵守各项规定。

一、活体动物的定义

活体动物是指活的家禽、野生动物（包括鸟类）、试验用的动物、两栖爬行动物、鱼蟹、昆虫等。

二、收运活体动物的基本条件

（1）承运人只能收运健康状况良好、适于空运的动物。

（2）如果动物已经怀孕，托运人应向承运人申报，并且提供兽医证明，证明动物不可能在运输中分娩。

（3）分娩后不足 48 小时的动物不收运。

（4）托运人需提供动物检疫证明。

（5）收运动物前必须定妥全程舱位。

（6）除必备的设备和饲料外，动物与其他货物不可作为一票货物交运。

（7）活体动物不办理运费到付。

三、活体动物的包装要求

（1）活体动物的包装箱必须坚固、清洁、防渗漏，并设有足够的通风孔。

（2）包装箱应保证动物有活动空间。

（3）包装箱底部必须衬有吸附材料。

（4）不可使用干稻草做衬垫，因为很多国家禁止稻草入境。

（5）较大的动物包装箱外两侧应安装把手，底部设有叉孔。

（6）托运人应在每一个外包装上清楚地写明收货人的名称、地址、联系电话及操作注意事项，必须在每一个包装件上至少拴贴一个标签，与此同时，还应拴贴“向上”标签。

四、活体动物的储运要求

（1）为保证动物正常呼吸，包装的通气孔不可被其他货物或塑料布遮盖。

（2）动物应存放在安静的区域内，一般情况下应在光线比较柔和的环境内存放、运输野生动物。

（3）仓库内经常存放动物的区域应定期清洁、消毒。

（4）除非托运人特别要求，承运人不负责给动物喂食、喂水。

（5）储运时还应注意：动物应远离干冰、放射性物质、尸体和食品；来自不同地区及互为天敌的动物应分开存放；实验动物应与其他动物分开存放，避免交叉感染。

（6）在货舱或集装器内的动物容器需牢固固定，装卸时应考虑：装卸时间应尽可能接近飞机起飞或到达时间；包装件之间应留有足够空间，保证动物正常呼吸；动物必须装在不需卸货就可以接近的位置。

学生练习

根据活体动物的收运注意事项判断下列说法是否正确：

1. 出生 24 小时的幼禽可以收运。（　　）
2. 活体动物不可以办理运费到付。（　　）
3. 在储运期间，应由承运人负责给动物喂食、喂水。（　　）
4. 活体动物不能和其他货物作为一票货物运输。（　　）

5. 为了避免动物受到惊吓，要比其他货物提前 2 个小时装上飞机。(　　)

任务实施

请你为杨女士列出需要注意的问题。

需要注意的问题：

任务评价

将对“任务实施”的评价结果填入表 8-1 中。

表 8-1

评价方式	问题是否齐全	缺失的问题	评价组/人
本组评价			
组间评价			
教师总评			

知识拓展

活体动物运输案例

某航空公司货运部收运了一票 3 件 91 千克、品名为狗的货物，运至北京后，其中一只藏獒撕破笼箱时被铁丝刺穿动脉失血死亡，货主称死亡的狗价值 200 万元人民币，拒绝提取货物，之后货主在《京华时报》等媒体上投诉该公司，5 月中央电视台“法治在线”栏目就此事播出专题节目，对该公司声誉造成了负面影响。

事件起因：该公司没有执行活动物的收运程序，对包装把关不严，检查不仔细，仅对胶笼用铁丝简单加固，未标明货物确指品名和包装尺寸，未将《动物检疫合格证明》留底；未填写《活体动物托运人证明书》及在《活体动物国内运输收运检查单》上签字。事件发生后，该公司没有引起足够重视，没有及时介入处理，也没有及时报告，造成上述事件负面影响人为扩大。

模块九
特种货物三：贵重货物

学习目标

1. 掌握贵重货物的定义
2. 了解贵重货物收运的注意事项
3. 掌握声明价值附加费的计算方法

学习任务

任务内容： 某进出口公司准备由深圳出口至美国纽约一批名表，毛重 10 千克，声明价值 12 000 美元。

任务要求： 1. 判断该货物是否为贵重货物，并说明理由。
2. 计算该货物的声明价值附加费。
3. 个人独立完成。

必备知识

一、贵重货物的判定标准

凡交运的一票货物中含有下列物品中的一种或多种的称为贵重货物：

（1）每千克（毛重）的运输声明价值在国际运输中达到或超过 1 000 美元或等值货币的货物；国内运输中超过 2 000 元人民币。

（2）黄金（包括提炼或未提炼的金锭）、混合金、金币以及各种形状的黄金制品；白金类稀贵金属和各种形状的铂合金制品及金、铂制品。

（3）黄金、白金、银制作的饰物和手表。

(4) 合法的银行钞票、有价证券、股票、旅行支票及邮票等。

(5) 钻石、红宝石、蓝宝石、绿宝石、蛋白石、珍珠，以及镶有上述钻石、宝石、珍珠等的饰物。

(6) 珍贵文物（包括书、古玩、字画等）。

二、贵重货物的包装要求

(1) 贵重货物应使用质地坚硬的包装，如硬木箱，不得使用纸质包装。外包装应用“井”字铁条加固，并使用铅封或火漆标志。

(2) 在外包装上拴挂标签时，只能使用挂签。除识别标签和操作标签外，贵重物品不需要任何其他标签和额外粘贴物；货物的外包装上不可有任何对内装物做出提示的标记。

三、贵重货物的储运要求

(1) 贵重货物应存放在贵重货物仓库内，并随时记录出入库情况。

(2) 货物交接时必须有书面凭证而且要求双方签字。

(3) 装机时小件货物可存放在客舱中的保险柜内，大件货物应单独装载在集装箱内并加铅封。

(4) 如发现货物有破损、丢失、短少等现象时，应立即停止运输，详细填写记录并通知有关承运人。

(5) 收货人提取货物前，应仔细检查货物包装，如有异议时，应当场向承运人提出，必要时重新称重，并详细填写运输事故记录。

四、声明价值附加费

《华沙公约》对由于承运人自身的疏忽或故意造成的货物的灭失、损坏或延迟规定了最高赔偿责任限额：每千克 20 美元或每磅 9.07 英镑或其他等值货币。如果货物的价值超过了上述值，即增加了承运人的责任，承运人要收取声明价值费。否则即使出现再多的损失，承运人对超出的部分也不承担赔偿责任。

货物的声明价值是针对整件货物而言的，不允许对货物的某部分声明价值。声明价值费的收取依据货物的实际毛重计算，计算公式为：

声明价值费＝(货物价值－货物毛重×20 美元/千克)×声明价值费费率

声明价值费费率通常为 0.5%。多数航空公司在规定声明价值费费率的同时还规定了声明价值费的最低收费标准。即如果根据上述公式计算出来的声明价值费低于航空公司的最低标准，则托运人要按照航空公司的最低标准缴纳声明价值费。

例如：某票货物毛重为 30 千克，货主声明价值为 50 万元人民币，计算货主需要缴纳多少声明价值附加费。(美元汇率按 1USD＝6.8CNY 计算)

(500 000－20×6.8×30)×0.5%＝CNY2 479.6

学生练习

1. 判断表 9－1 中所列货物是否为贵重货物，并填写本表。

表 9－1

序号	货物名称	货物毛重	货物声明价值	是否为贵重货物
第 1 票	白金项链	0.5kg	无	
第 2 票	雕塑样品	4kg	5 000USD	
第 3 票	名表	25kg	10 000USD	
第 4 票	明代青花瓶	1kg	65 000USD	
第 5 票	漆器屏风	10kg	1 000USD	

2. 计算表 9－1 中第 2 票和第 4 票货物在运输中需要缴纳的声明价值附加费分别是多少。

第 2 票货物：

第 4 票货物：

任务实施

1. 该货物是否属于贵重货物？将理由写在横线上。

2. 计算该货物的声明价值附加费（美元汇率按 1USD=6.8CNY 计算）。将计算过程和结果写在下面的方框内。

任务评价

将对“任务实施”的评价结果填入表 9－2 中。

表 9－2

评价方式	判断贵重货物项是否正确	声明价值附加费计算是否正确	评价组/人
本组评价			
组间评价			
教师总评			

知识拓展

空运外包装破损　惊现数百万黄金

在航班货物运输过程中，行李破损事件时有发生。深圳机场搬运队就碰到了价值数百万黄金外包装破损的事情。

2010 年 1 月 5 日 15:43，昆明至深圳的 MU5757 航班准点到达。深圳机场机坪服务部搬运队外场的十八组员工负责该航班保障。记录显示，该航班共有 15 件贵重物品需要重点保障。当作业班组人员在对贵重物品进行卸机时，发现其中 5 件贵重物品外包装出现不同程度破损。其中破损较为严重的一个箱子内整整齐齐装着两排闪闪发光的金砖。见此情形，根据规定，搬运队现场保障人员立即报告值班队长到场处理。几分钟后，搬运队值班队长、机坪服务部值班经理和深圳机场值班领导分别赶到现场。经在场人员共同详细核查，破损的贵重物品系成品黄金，每箱 30 千克，单箱价值在 800 万元左右。为保险起见，深圳机场现场处理人员立即与东方航空公司代办共同拍照取证，并在现场进行了签字确认。随后，15 件贵重物品由搬运队安排专人负责押运至航空货站。在航空货站与货主当面称重后，货主确认每一箱黄金一克不少。所有在场的机场工作人员这才舒了一口气。

与此同时，因前期处理破损贵重物品耽误了时间，为了保证该航班准点起飞，机坪搬运队临时抽调现场其他作业班组人员，加快速度保质保量地完成了后续的保障工作，确保了该航班准点起飞，此举得到了公司值班领导和航空公司的一致表扬。

模块十

特种货物四：鲜活易腐货物

学习目标

1. 了解鲜活易腐货物的定义
2. 了解鲜活易腐货物收运的注意事项

学习任务

任务内容：某蔬菜公司定期由北京批量运输蔬菜至香港，运输此票货物时应注意哪些问题。

任务要求：1. 判断此货物的类别。
2. 列举应注意的事项。

必备知识

一、鲜活易腐货物的定义

鲜活易腐货物是指在一般运输条件下，因温度、湿度、气压的变化或地面运输时间等原因易于死亡或变质腐烂的货物，如肉类、水果类、蔬菜类、鲜花类、水产品类，需要低温保存的食品、药品、试剂、疫苗、人体白蛋白、人体球蛋白、胎盘球蛋白、人体活器官等。

此种货物一般要求在运输和保管中采取特别措施，如冷藏、保温等，以保持其鲜活或不变质。

二、鲜活易腐货物的包装要求

（1）包装必须有助于保持货物的品质并将运输时间和温度、湿度等环境因素变化的影响降到最低。

（2）所有的包装都应为货物提供足够的保护，防止其中液体的渗漏、溅出或污染其他货物。

（3）若内包装为非密封性防水材料，应保证包装件的倾斜角在30°内不会渗漏出液体。

（4）收运货物时，必须保证包装完好。

（5）大多数鲜活易腐货物属于湿货，因此，必须符合运输湿货的各项要求。

（6）鲜活易腐货物除识别标签外，货物的外包装还需拴挂“鲜活易腐”标签和“向上”标签。

三、鲜活易腐货物的储运要求

（1）食品应远离毒性、传染性物质，以及活体动物和尸体。

（2）种蛋远离干冰、放射性物质。

（3）鲜花不可与蔬菜和水果放入同一个集装器或货舱内，且不可用塑料布苫盖。

（4）各包装件间留有一定空隙，保证空气流通。

（5）远离热源，避免阳光直射，限制堆码高度。

（6）装载时应考虑不同货舱、机型对温度的调控能力。

（7）鲜活易腐货物不办理运费到付。

学生练习

根据鲜活易腐货物的运输注意事项，判断下列说法是否正确：

1. 鲜活易腐货物的包装外面只需拴挂“鲜活易腐”标签。（　　）
2. 鲜活易腐货物允许运费到付。（　　）
3. 运输鲜活易腐货物时可以先定前一段航班，装运之后再定后一段航班。（　　）
4. 鲜花不能和水果放在同一个集装器内运输。（　　）
5. 运输鲜活易腐货物时托运人必须在货物到达目的地后通知收货人。（　　）

任务实施

1. 蔬菜的特点为：________________
2. 蔬菜属于哪一类货物？________________
3. 检查包装的情况为：________________
4. 核对订舱信息：________________
5. 核查沿途机场设施情况：________________

任务评价

将对“任务实施”的评价结果填入表 10－1 中。

表 10－1

评价方式	判断货物类别是否正确	所需注意事项是否齐全	评价组/人
本组评价			
组间评价			
教师总评			

知识拓展

易腐货物的化学特性

1. **蛋白质：**高分子含氮化合物，在微生物作用下分解产生难闻气味和有毒物质，这种现象称为腐败。

2. **脂肪：**脂肪是由各种不同的脂肪酸和甘油结合而成的三酸甘油酯。脂肪长期暴露在空气中易被氧化，容易产生哈喇味，其分解过程与温度相关。

3. **糖类：**糖类是由碳、氢、氧三种元素组成的有机化合物。糖类是人体热量的主要和最经济的来源，糖类多含于植物性食品中，动物性食品内几乎不存在。

4. **维生素：**维生素是一种低分子有机化合物，它是人体生命活动中不可缺少的物质，对调节新陈代谢、维持免疫功能和内分泌有一定的作用，维生素包括 A、B、C、D、E、F、K、P 等大类。

5. **酶：**酶是一种特殊的蛋白质，是生物细胞所产生的一种有机催生剂，在食品中含量很少。酶能加速各种生物化学反应，而它本身不起变化，其作用强度与环境温度密切相关，一般在 30℃～50℃时活性最强。

6. **有机酸：**有机酸主要存在于植物性食品中，包括苹果酸、草酸、柠檬酸、葡萄酸等；动物性食品则含有乳酸，食品中的 pH 值往往标志着食品的新鲜程度，例如新鲜肉类 pH 值为 6.6，pH 值大于 7 时则说明已腐败变质。

7. **水：**食品中水分蒸发会使其失去新鲜的外观，并起皱、减重。食品含水越多，越难以保管，越容易腐败变质。

8. **矿物质：**矿物质是生物细胞不可缺少的组成部分，它直接参加有机体的新陈代谢过程，包括 Na、K、Ca、Mg、Fe 等。

技能篇

一、任务背景

北京 ABC 国际货运代理公司空运组根据运输区域划分为欧洲部、美洲部和亚太部，各部门根据工作性质进行岗位分工，包括销售、国际出口操作、国际进口操作、报关、客服等，学生们将扮演以上各类角色，合作完成货物运输的全过程。

二、业务内容

任务要求 1：

（1）学生以小组为单位从表 1 所列的普通货物中任选一票货物，通过学习，完成此票货物托运、收运、到达与交付全过程的操作，并根据每个任务的要求完成报告。

表 1　　典型业务场景一：普通货物操作

部门	运输路线	待运货物	货物信息
欧洲	北京—伦敦	演出服装	数量 6 箱；金属箱包装；单个包装尺寸 1 100×650×720mm；单个重量 55kg
	北京—阿姆斯特丹	咖啡壶样机	数量 1 件；纸箱包装；单件包装尺寸 650×450×300mm；重量 15kg
美洲	北京—温哥华	航空发动机涡轮叶片	航空发动机涡轮叶片 22 件；钛合金；单件包装尺寸 550×250×150mm；单件重量 8kg
	北京—洛杉矶	化工医药制剂（非危险品）	件数 2 件；铁桶包装；单件包装尺寸 400×400×550mm；单件重量 30kg
亚太	北京—曼谷	手机（不带电池）	件数 1 件；木箱包装；单件包装尺寸 1 200×1 000×1 250 mm；单件重量 450kg
	北京—新加坡	汽车座椅	数量 4 个；单个轮毂尺寸：18 寸；轮毂材质铝合金；纸盒包装；单件包装尺寸 500×500×250mm；单件重量 16kg

（2）小组成员在完成模块十一至模块十三的全部任务后，将所有任务成果汇总成 PPT 文件，然后小组之间进行展示交流，并给予评价。

任务要求 2：

（1）学生以小组为单位从表 2 所列的特殊货物中任选一票货物，在熟悉了普通货物操作的基础上，完成此货物出口操作流程，学习和理解特殊货物的操作特点。

（2）小组成员在完成模块十四的任务后，将所有分析过程、特殊货物的注意事项、操作流程图、文件等成果汇总成 PPT 文件，然后小组之间进行展示交流，并给予评价。

表 2　　典型业务场景二：特殊货物操作

部门	运输路线	待运货物	货物信息
欧洲	北京—巴黎	瓷花瓶	清代瓷花瓶一只；箱子尺寸 650×500×400mm；重量 20kg
美洲	北京—底特律	汽车整车	国产汽车新型概念车一辆，参加底特律车展；裸装；车辆尺寸 4 825×1 820×1 485mm；整车重量 1 520kg
	北京—纽约	拉布拉多缉毒狗	拉布拉多缉毒狗 1 只；颜色：黑色；身高约 58 cm；体重约 30kg；笼子尺寸 1 100×500×700mm；重量 20kg
亚太	北京—香港	新鲜的蔬菜	件数 50 件；泡沫箱包装；单件尺寸 550×450×400mm；单件重量 15kg

注意：PPT 参考模板见附录一。

模块十一
国际空运出口货物的托运操作

任务一　填写国际货物托运书

学习目标

1. 了解国际货物托运书的作用
2. 掌握国际货物托运书的填写方法

学习任务

任务内容： 根据“业务内容”中所列货物信息填写国际货物托运书（信息不完整的根据实际情况自行补充完整）。

必备知识

一、国际货物托运书的作用

根据《华沙公约》第5条第（1）和（5）款的规定，货运单应由托运人填写，也可由承运人或其代理人代为填写；实际上，目前货运单均由承运人或其代理人填制，为此，作为填开货运单的依据，托运书应由托运人自己填写，而且托运人必须在上面签字。

托运书（Shippers Letter of Instruction）是托运人用于委托承运人或其代理人填开航空货运单的一种表单，表单上列有填制货运单所需的各项内容，以及授权于承运人或其代理人代其在货运单上签字的文字说明。

二、国际货物托运书示例

国际货物托运书示例如表 11－1 所示。

表 11－1 **国际货物托运书**

SHIPPER'S LETTER OF INSTRUCTION

<table>
<tr><td colspan="2" rowspan="2">托运人姓名、地址
Shipper's Name and Address

(2)</td><td colspan="2">托运人账号
Shipper's Account Number
(3)</td><td colspan="3">航空货运单号码
Air Waybill Number
(1)</td><td></td></tr>
<tr><td colspan="2"></td><td colspan="4" rowspan="2">本人保证所托运货物已经完全正确命名，所托运货物中包含的危险物品，依据适用的《危险物品规则》中的规定，处于完好状态且适合于航空运输，并完全符合航空运输条件。
I certify that contents of this consignment are properly identified by name. In so far as any part of the consignment contains dangerous goods, such part is in proper condition for carriage by air according to the applicable Dangerous Goods Regulation.</td></tr>
<tr><td colspan="2" rowspan="2">收货人姓名、地址
Consignee's Name and Address

(4)</td><td colspan="2">收货人账号
Consignee's Account Number
(5)</td></tr>
<tr><td colspan="2"></td><td colspan="4">是否属于危险物品 □是 YES □否 NO
Dangerous Goods or Not
是否属于电池类物品 □是 YES □否 NO
Batteries or Not
(6)</td></tr>
<tr><td colspan="2">始发站
Airport of Departure</td><td colspan="2">目的站
Airport of Destination</td><td colspan="4" rowspan="4">随附文件
Document to Accompany
(10)</td></tr>
<tr><td colspan="2">(7)</td><td colspan="2">(8)</td></tr>
<tr><td colspan="2">航班/日期
Flight/Date</td><td colspan="2">航班/日期
Flight/Date</td></tr>
<tr><td colspan="2">(9)</td><td colspan="2">(9)</td></tr>
<tr><td>件数
No. of Pieces</td><td colspan="2">毛重（千克）
Gross Weight (kg)</td><td colspan="2">货物品名和数量
Nature and Quantity of Goods</td><td colspan="3">包装尺寸和体积
Measurement</td></tr>
<tr><td>(11)</td><td colspan="2">(12)</td><td colspan="2">(13)</td><td colspan="3">(14)</td></tr>
<tr><td colspan="2">航空运费和声明附加费付款支付方式
WT/VAL Charges
□ 预付 Prepaid
□ 到付 Collect
(15)</td><td colspan="2">其他费用付款支付方式
Other Charges
□预付 Prepaid
□ 到付 Collect
(16)</td><td colspan="2">供运输用声明价值
Declared Value for Carriage
(17)</td><td colspan="2">供海关用声明价值
Declared Value for Customs
(18)</td></tr>
<tr><td colspan="5">储运注意事项和备注
Handling Information and Remarks
(19)</td><td colspan="3">托运人签字
Signature
(20)
日期
Date</td></tr>
</table>

三、托运书的填写说明

(1) Air Waybill Number：航空货运单号码。

填写货运单号码。

(2) Shipper's Name and Address：托运人姓名、地址。

填写托运人的全名，地址填写国家、城市、街道的名称以及门牌号码和电话号码。姓名要与其有效身份证件相符。地址、单位名称和邮政编码要清楚、准确。

(3) Shipper's Account Number：托运人账号。

应根据承运人需要，填写托运人账号。

(4) Consignee's Name and Address：收货人姓名、地址。

填写收货人的全名，地址填写国家、城市、街道的名称以及门牌号码和电话号码。姓名要与其有效身份证件相符。地址、单位名称和邮政编码要清楚、准确。

(5) Consignee's Account Number：收货人账号。

根据承运人的需要，填写收货人账号。

(6) Dangerous Goods or Not：是否属于危险物品；Batteries or Not：是否属于电池类物品。

托运人在此处声明所托运的货物是否属于危险物品和电池类物品时，应在相应位置划"√"表示。

(7) Airport of Departure：始发站。

填写始发站机场的全称，不得使用简写或代码。

(8) Airport of Destination：目的站。

填写目的站机场的全称，必要时注明该机场所属国家、州的名称或城市的全称。

(9) Flight/Date：航班/日期。

填写托运人已订妥的航班和日期。

(10) Document to Accompany：随附文件。

填写托运人交给承运人时，随同货物运往目的站的有关文件的名称。

(11) No. of Pieces：件数。

填写货物的件数。

(12) Gross Weight (kg)：毛重（千克）。

填写货物的实际重量（按航空公司实际称重数量填写）。

(13) Nature and Quantity of Goods：货物品名和数量。

填写货物的具体名称，不得填写表示货物类别的统称，如电器仪器仪表；如果是集运货物，填写"Consolidation As Per Attached List"；如果使用集装货物运价，还应填写集装器识别代码；托运人或代理人还可以填写货物的产地。

(14) Measurement：包装尺寸和体积。

填写货物包装尺寸（以 cm 为单位）、件数和体积，注明货物的长、宽、高尺寸。

(15) WT/VAL Charges：航空运费和声明附加费付款支付方式。

填写航空运费和声明附加费付款支付方式。

（16）Other Charges：其他费用付款支付方式。

填写其他费用付款支付方式。

（17）Declared Value for Carriage：供运输用声明价值。

填写托运人向承运人特别声明的货物在目的地交付时的价值。托运人未办理声明价值时，应填写“NVD”（NO VALUE DECLARED）字样。

（18）Declared Value for Customs：供海关用声明价值。

填写托运人向海关申报的价值。托运人未办理供海关用声明价值时，应填写“NCV”（NO COMMERCIAL VALUE）字样，表示货物无商业价值。

（19）Handling Information and Remarks：储运注意事项和备注。

填写货物的包装形式、标志和号码以及在运输中转装卸和仓储时需要特别注意的事项，但要注意，这些事项应不超过承运人的储运能力；填写货物外包装的种类；在运输危险物品时，需要随附托运人危险物品申报单，应填写“Dangerous Goods As Per Attached Shipper's Declaration”。如果该危险物品只能装载在货机上，应同时填写“Cargo Aircraft Only”；如果不需要随附托运人危险物品申报单，应填写“Dangerous Goods，Shipper's Declaration Not Required”。

（20）Signature，Date：托运人签字和日期。

由托运人签字并填写托运货物的日期。

学生练习

NOKIA Company（地址：No. 315 Yizhuang South Road，Daxing District，Beijing 100213，Tel：86－10－63234567）准备出口一批不带电池的手机到日本东京的ZCV. company（地址：South Sathorn Road，Sathorn District，TOKYO，101120，Tel：89-02-56744356），4箱，每箱体积为100×100×80cm，每箱毛重为120kg，总价值1 000美元，希望3天内到货，运费预付，请根据以上信息填写国际货物托运书（见表11－2）。

任务实施

根据所选货物（见本篇“典型业务场景一”，后同）的信息完成下列任务。

1. 将所选货物填在下面的横线上。

---

2. 根据所选货物信息填写国际货物托运书（托运人与收货人的信息可自己编写）（见表11－3）。

表 11-2　　国际货物托运书

SHIPPER'S LETTER OF INSTRUCTION

<table>
<tr><td rowspan="2" colspan="1">托运人姓名、地址
Shipper's Name and Address

(2)</td><td>托运人账号
Shipper's Account Number
(3)</td><td>航空货运单号码
Air Waybill Number
(1)</td><td></td></tr>
<tr><td></td><td colspan="2" rowspan="2">本人保证所托运货物已经完全正确命名，所托运货物中包含的危险物品，依据适用的《危险物品规则》中的规定，处于完好状态且适合于航空运输，并完全符合航空运输条件。
I certify that contents of this consignment are properly identified by name. In so far as any part of the consignment contains dangerous goods, such part is in proper condition for carriage by air according to the applicable Dangerous Goods Regulation.</td></tr>
<tr><td>收货人姓名、地址
Consignee's Name and Address</td><td>收货人账号
Consignee's Account Number
(5)</td></tr>
<tr><td colspan="2">(4)</td><td colspan="2">是否属于危险物品 □是 □否
Dangerous Goods or Not YES NO
是否属于电池类物品 □是 □否
Batteries or Not YES NO
(6)</td></tr>
<tr><td>始发站
Airport of Departure</td><td>目的站
Airport of Destination</td><td colspan="2" rowspan="4">随附文件
Document to Accompany
(10)</td></tr>
<tr><td>(7)</td><td>(8)</td></tr>
<tr><td>航班/日期
Flight/Date</td><td>航班/日期
Flight/Date</td></tr>
<tr><td>(9)</td><td>(9)</td></tr>
</table>

件数 No. of Pieces	毛重（千克） Gross Weight（kg）	货物品名和数量 Nature and Quantity of Goods	包装尺寸和体积 Measurement
(11)	(12)	(13)	(14)

<table>
<tr><td>航空运费和声明附加费付款支付方式
WT/VAL Charges
□ 预付 Prepaid
□ 到付 Collect
(15)</td><td>其他费用付款支付方式
Other Charges
□预付 Prepaid
□ 到付 Collect
(16)</td><td>供运输用声明价值
Declared Value for Carriage
(17)</td><td>供海关用声明价值
Declared Value for Customs
(18)</td></tr>
</table>

<table>
<tr><td>储运注意事项和备注
Handling Information and Remarks
(19)</td><td>托运人签字
Signature
(20)
日期
Date</td></tr>
</table>

注：本表为练习使用。

表 11－3　　国际货物托运书

SHIPPER'S LETTER OF INSTRUCTION

<table>
<tr><td>托运人姓名、地址
Shipper's Name and Address</td><td>托运人账号
Shipper's Account Number
(3)</td><td>航空货运单号码
Air Waybill Number
(1)</td><td></td></tr>
<tr><td colspan="2">(2)</td><td colspan="2" rowspan="2">本人保证所托运货物已经完全正确命名，所托运货物中包含的危险物品，依据适用的《危险物品规则》中的规定，处于完好状态且适合于航空运输，并完全符合航空运输条件。
I certify that contents of this consignment are properly identified by name. In so far as any part of the consignment contains dangerous goods, such part is in proper condition for carriage by air according to the applicable Dangerous Goods Regulation.</td></tr>
<tr><td>收货人姓名、地址
Consignee's Name and Address</td><td>收货人账号
Consignee's Account Number
(5)</td></tr>
<tr><td colspan="2">(4)</td><td colspan="2">是否属于危险物品 Dangerous Goods or Not　□是 YES　□否 NO
是否属于电池类物品 Batteries or Not　□是 YES　□否 NO
(6)</td></tr>
<tr><td>始发站
Airport of Departure</td><td>目的站
Airport of Destination</td><td colspan="2" rowspan="4">随附文件
Document to Accompany
(10)</td></tr>
<tr><td>(7)</td><td>(8)</td></tr>
<tr><td>航班/日期
Flight/Date</td><td>航班/日期
Flight/Date</td></tr>
<tr><td>(9)</td><td>(9)</td></tr>
</table>

件数 No. of Pieces	毛重（千克） Gross Weight (kg)	货物品名和数量 Nature and Quantity of Goods	包装尺寸和体积 Measurement
(11)	(12)	(13)	(14)

航空运费和声明附加费付款支付方式 WT/VAL Charges　□ 预付 Prepaid　□ 到付 Collect (15)	其他费用付款支付方式 Other Charges　□预付 Prepaid　□ 到付 Collect (16)	供运输用声明价值 Declared Value for Carriage (17)	供海关用声明价值 Declared Value for Customs (18)

储运注意事项和备注 Handling Information and Remarks (19)	托运人签字 Signature (20) 日期 Date

注：本表为完成任务使用。

任务评价

各组间相互评价所填写托运书各项内容是否规范，将评价结果填在表11－4内，正确的打√，错误的打×。

表11－4

编号	自评	组评	师评	编号	自评	组评	师评
1				11			
2				12			
3				13			
4				14			
5				15			
6				16			
7				17			
8				18			
9				19			
10				20			
总评							

知识拓展

托运人的工作职责

1. 托运人托运货物应填写国际货物托运书，并提供与运输有关的资料和文件。

2. 托运人应对所填托运书中各项内容和所提供的资料和文件的真实性和准确性负责。

3. 托运人所托运的货物必须符合有关始发、中转和目的地国家的法律、法令和规定以及承运人的一切规章。

4. 托运人在托运货物前，必须自行办妥始发地海关、卫生检疫等各项手续。

5. 托运人托运鲜活物品、贵重物品、活体动物、危险物品有时间限制要求及货物量较大时，应事先向承运人定妥航班、日期、吨位，并按约定的时间在机场办理托运手续。

任务二　包装货物

学习目标

1. 了解包装的一般规定
2. 熟练掌握某些特殊货物的包装要求
3. 知道某些包装类型的要求
4. 掌握货物包装标记、标签的内容

5. 能够为货物书写标记，张贴、悬挂标签

学习任务

任务内容： 分析待运货物的特点，为其选择合适的包装，并书写货物的标记，贴挂正确的标签。

必备知识

一、包装的一般规定

（1）托运人应根据货物的性质、形状、重量、体积和空运特点妥善加以包装，还要便于搬运、装卸和码放。

（2）货物包装应坚固、完好，防止在运输过程中破裂、内物漏出，防止因摩擦、气温、气压等变化而引起货物损坏或变质；防止伤害操作人员或污染飞机及其他设备。

（3）包装外部不能有突出的棱角，也不能有钉、钔、刺等，包装外部应整洁干燥，没有异味和油腻。

（4）包装上详细写明收货人、其他通知人和托运人的姓名和地址，如包装表面不能书写，可写在纸板、木牌或木条上，再拴挂在货物上，字迹要清晰。

（5）包装内的垫衬材料（如木屑、纸屑）不能外漏，托运货物应使用包装带捆扎（纸袋包装除外），严禁使用草袋包装或草绳捆扎货物。

（6）包装材料要良好，不能用腐朽、虫蛀、锈蚀的材料。

二、某些特殊货物的包装要求

（一）液体

（1）容器内部必须留有5%～10%的空间，并且封盖严密，不得渗漏。

（2）如果用陶瓷或玻璃容器盛装液体，每个容器的容量不得超过500mL，并且需要外加包装（木箱、纸箱），外包装内要有内衬物并用吸湿材料包装，在外包装上应贴上“易碎物品”的标签。

（二）粉状货物

（1）用袋盛装的，最外层应使用塑料涂膜纺织袋作外包装，并保证粉末不漏出，单件货物毛重不超过50kg。

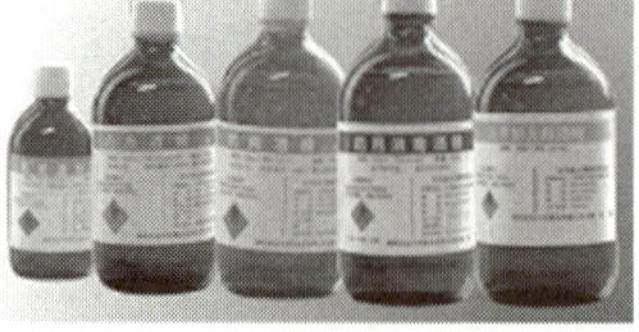

液体包装

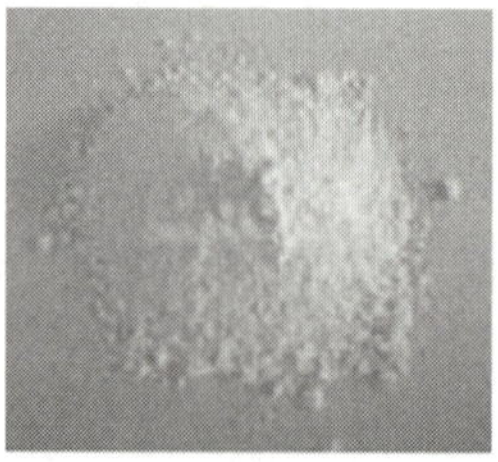

粉末状固体

（2）用硬纸桶、木桶、胶合板桶盛装的，要求桶身不破、接缝严密、桶盖密封、桶箍坚固结实。

（3）用玻璃包装的，每瓶内装物的重量不得超过 1kg，用铁制或木制材料作外包装，箱内用衬垫材料填实，单件货物毛重不超过 25kg。

（三）精密仪器、易碎物品

单件货物毛重不超过 25kg，采用以下方法包装：

（1）多层次包装。

包装次序为：货物—衬垫材料—内包装—衬垫材料—运输包装（外包装）。

（2）悬吊式包装。

用几根弹簧或绳索，从箱内各个方向把货物悬置在箱内。

（3）防倒置包装。

包装玻璃器皿时，应使用足够厚的泡沫塑料及其他衬垫材料围裹严实，外加坚固的瓦楞纸箱或木箱，外贴“易碎物品”标签。

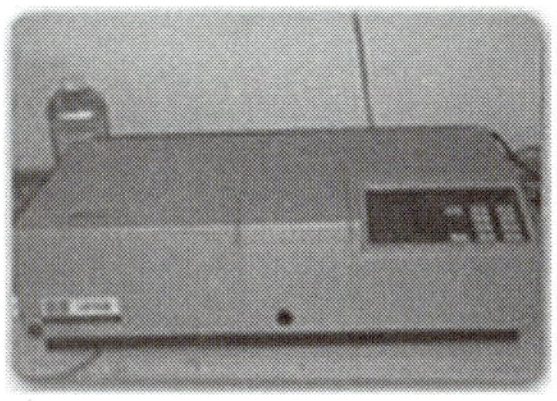

精密仪器

（四）大型货物

体积或重量较大的货物底部应有便于叉车操作的枕木或底托。

（五）其他货物

不怕碰压的货物可以不用包装，如轮胎等；不宜清点件数、形状不规则、外形与运输设备相似或容易损坏飞机的货物，应使用绳、麻布包扎或外加包装。

叉车装载大型货物

轮胎

三、包装材料的要求

（一）纸箱

纸箱应能承受同类包装货物码放 3 米或 4 层高的总重量。

（二）木箱

木箱的厚度及结构要适合货物安全运输的需要，不得有腐蚀、虫蛀、裂缝等缺陷。如果目的站国家检验检疫部门要求将包装进行熏蒸等处理后才可以使用，托运人应遵守此规定并提供相关证明。

（三）铁桶

铁桶的铁皮厚度应与内装货物重量相对应。单件毛重 25kg～100kg 的中小型铁桶，应使用 0.6 mm～1.0 mm 的铁皮制作；单件毛重 101 kg～180 kg 的大型铁桶，应使用 1.25 mm～1.5 mm 的铁皮制作。

纸箱

木箱

铁桶

四、包装的标记和标签

（一）包装的标记

指在货物外包装上由托运人书写的有关事项和记号，包括以下内容：

（1）货物的目的站，收货人姓名、单位、地址、电话、传真号码。

（2）货物的始发站，托运人姓名、单位、地址、电话、传真号码。

（3）货物的储运注意事项，如“小心轻放”“防潮”等。

（4）大件货物的包装表面应标明“重心点”“由此吊起”等操作图示。

（二）包装的标签

1. 识别标签

标明货物的始发站、目的站、货运单号码、件数、重量的标志。

识别标签共分为两种：

（1）粘贴式软纸不干胶标签，适用于外包装可黏附的货物。

（2）悬挂式硬纸标签，适用于不宜使用软纸不干胶标签的货物。

粘贴式软纸不干胶标签

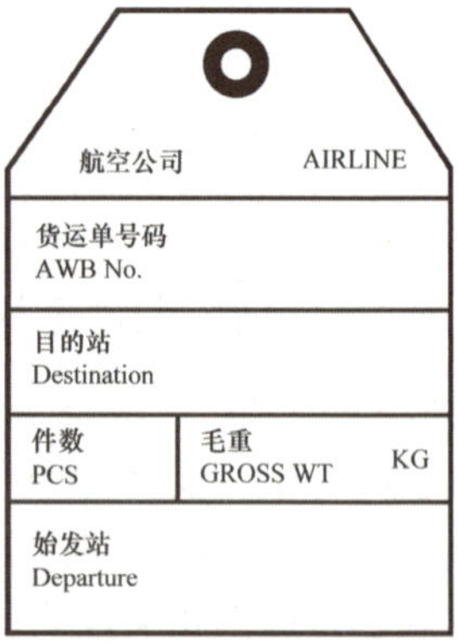

悬挂式硬纸标签

2. 特种货物标签

特种货物标签包括活体动物标签、鲜活易腐货物标签和危险品标签等。其作用是要求工作人员按照货物的特性进行操作，预防事故的发生，其图形、名称、尺寸、颜色由国家统一规定。

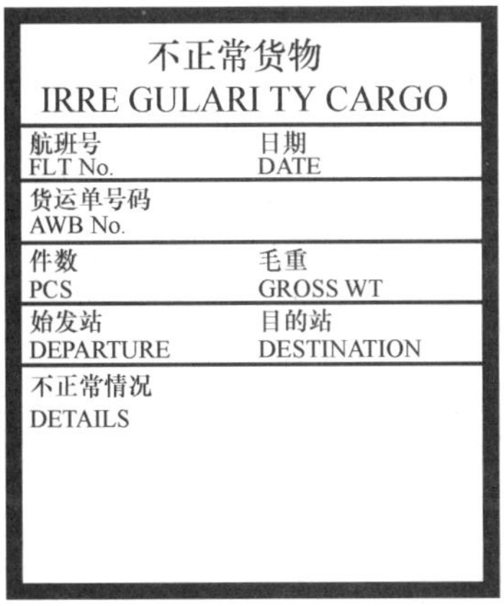

不正常货物标签

固定货物标签

活体动物标签

鲜活易腐货物标签

3. 操作标签

操作标签是标明货物储运注意事项的标志，其作用是提示工作人员按标签的要求操作，以达到安全运输的目的。

不可倒置标签

防止潮湿标签

易碎物品标签

五、标记和标签的填写、粘贴和拴挂要求

（1）识别标签上所填内容必须和货运单一致，字迹清楚，明显易辨。

（2）货物标签由托运人粘贴和拴挂，承运人有责任对标签进行核查。

（3）托运人使用旧包装时，必须将残旧标记清除或涂掉。

（4）每件货物至少应牢固地贴挂一个识别标签。一件货物粘贴或拴挂两个或两个以上的识别标签时，应粘贴或拴挂在包装的两侧对称部位。如果一个包装件的体积超过 0.4m^3（15in^3），应在包装件对称部位粘贴或拴挂 2 个识别标签。

（5）货物标签不得粘贴或拴挂在包装带上。

（6）货物标签应粘贴或拴挂在货物的侧面，不得粘贴或拴挂在货物的顶部或底部。

学生练习

请你针对下列案例的货物给出包装建议，并将建议写在对应的横线上。

（1）西安波意尔公司准备出口 100 台双层玻璃反应釜，单台重量为 20 千克。

（2）米其林驻中国的设计研发中心要向该公司的泰国研发中心运送 50 个轮胎用于研究。

（3）某医药公司准备出口 260 千克硫酸钠、3 200 升葡萄糖注射液。

（4）北京现代汽车有限公司出口 30 辆伊兰特到澳大利亚的悉尼。

包装建议为：

（1）________________________________

（2）________________________________

（3）________________________________

（4）________________________________

任务实施

根据所选货物的信息完成下列任务。

1. 请将待运货物的名称写在下面的横线上。

____

2. 请将待运货物的特点写在下面的横线上。

____

____

3. 描述所选用的包装，并将结论写在下面的横线上。

____

____

4. 请在下图中填写包装标记。

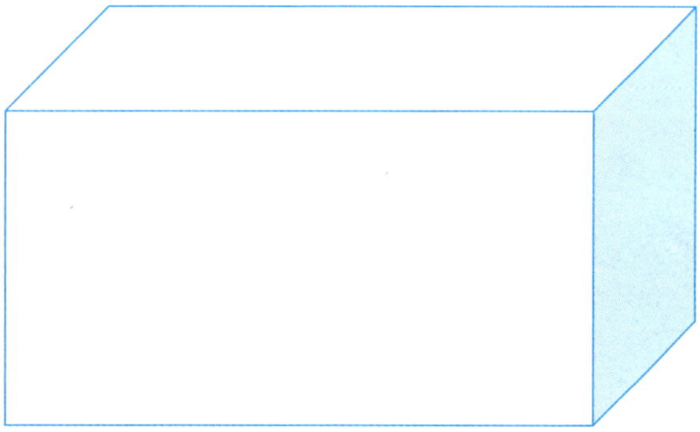

5. 请在表 11－4 中填写识别标签。

表 11－4

航空公司	AIRLINE
货运单号码 AWB No.	
目的地 Destination	
件数 PCS	始发站 Departure
毛重 GROSS WT　　KG	

6. 将所选择的标签填在下面的横线上。

____

任务评价

将对“任务实施”的评价结果填入表 11－5 中。

表 11－5

评价方式	包装材料选择是否合理	包装标记填写是否正确	识别标记书写是否规范	选择标签是否正确
组内评价				
组间评价				
教师评价				

知识拓展

谎报货名出大事　托运强酸飞机被毁

大连化建委托马航承运两个集装箱货物到印度，大连大通国际运输有限公司为出

口货运代理人。当飞机抵达马来西亚吉隆坡机场做中转印度的准备时，机场工作人员发现货舱中弥漫着刺激性很强的白色烟雾，戴上呼吸装置都难以进入货舱，飞机随即被隔离。直到次日，机场消防救援队才将大连化建委托运输的两个集装箱卸下，并发现货物中有两桶物品已泄漏，而且货物不是大连化建申报的航空运输普通货物——8-羟基喹啉，而是强酸性腐蚀化学药品草酰氯，属于危险货物。经法国空中客车飞机制造公司对飞机状况进行评估，认为修理成本大大超过飞机全额保险金9 500万美元的75%，飞机已无修理的价值。

这起案件由于案件原被告众多且有一半在境外，前后共审理了5年，其中上诉管辖用了1年，交换证据和质证用了3年。最后，北京市高级人民法院判决，为马航提供保险的4家境外保险机构获赔6 506.3万美元。

任务三 准备报关、报检文件

学习目标

1. 掌握国际出口报关、报检所需提供的单据名称
2. 了解各类单据的样本内容及作用

学习任务

任务内容：准备好报关、报检所需提供的单据，列出清单，并尽可能将单据内容填写完整。

必备知识

一、报关和报检的作用

（一）报关

报关是履行海关进出境手续的必要环节之一，是指进出境运输工具的负责人、货物和物品的收发货人或其代理人，在通过海关监管口岸时，依法进行申报并办理有关手续的过程。

(二) 报检

中国出入境检验检疫机构是有关国际进出口货物法律的行政执法机构，依法具有执法主体地位。有关检验检疫的法律都有一个具有强制性的闭环性的监管措施，最主要的是货物的进出口都要通过海关最后一道监管措施。我国现行的通关模式是“先报检、后报关”。这种管制方法在出口商品生产、销售和进口商品按既定条件采购等方面发挥积极作用。

二、托运人应提供的单据

(一) 代理报关委托书

《中华人民共和国海关法》第 9 条、第 10 条规定：

(1) 进出口货物，除另有规定的外，可以由进出口货物收发货人自行办理报关纳税手续，也可以由进出口货物收发货人委托海关准予注册登记的报关企业办理报关纳税手续。

(2) 报关企业接受进出口货物收发货人的委托，以委托人的名义办理报关手续的，应当向海关提交由委托人签署的授权委托书，遵守本法对委托人的各项规定。

(3) 报关企业接受进出口货物收发货人的委托，以自己的名义办理报关手续的，应当承担与收发货人相同的法律责任。

(4) 委托人委托报关企业办理报关手续的，应当向报关企业提供所委托报关事项的真实情况；报关企业接受委托人的委托办理报关手续的，应当对委托人所提供情况的真实性进行合理审查。

代理报关委托书样本见表 11－6。

(二) 代理报检委托书

同报关一样，委托报关企业报关的同时，也需要委托其办理报检手续，因此也必须出具代理报检委托书，检验检疫局才予以受理。

代理报检委托书的样本见表 11－7。

(三) 合同

贸易合同也是报关的文件之一。

合同样本见表 11－8。

(四) 商业发票

商业发票是卖方开具的凭以向买方收取货款的价目清单，是装运货物的总说明。商业发票全面反映了合同和有关交易的详细内容，是各个单据的中心单据，也是卖方必须提供的基本单据之一。

商业发票样本见表 11－9。

表 11－6　　代理报关委托书

代理报关委托书

编号：

我单位现　（A. 逐票 B. 长期）委托贵公司代理　等通关事宜。（A. 填单申报　B. 辅助查验　C. 垫缴税款　D. 办理海关证明联　E. 审批手册　F. 核销手册　G. 申办减免税手续　H. 其他）详见《委托报关协议》。

我单位保证遵守《海关法》和国家有关法规，保证所提供的情况真实、完整，单货相符。否则，愿承担相关法律责任。

本委托书有效期自签字之日起至　　年　　月　　日止。

委托方（盖章）：

法定代表人或其授权签署《代理报关委托书》的人（签字）：

年　　月　　日

委托报关协议

为明确委托报关具体事项和各自责任，双方经平等协商签订协议如下：

委托方	
主要货物名称	
HS 编码	□□□□□□□□□□
货物总价	
进出口日期	年　月　日
提单号	
贸易方式	
原产地/货源地	

被委托方		
*报关单编码	No.	
收到单证日期	年　月　日	
收到单证情况	合同□	发票□
	装箱清单□	提（运）单□
	加工贸易手册□	许可证件□
	其他	
报关收费	人民币：　　元	

其他要求：	承诺说明：
背面所列通用条款是本协议不可分割的一部分，对本协议的签署构成了对背面通用条款的同意。	背面所列通用条款是本协议不可分割的一部分，对本协议的签署构成了对背面通用条款的同意。
委托方业务签章： 经办人签章： 联系电话： 年　月　日	被委托方业务签章： 经办报关员签章： 联系电话： 年　月　日

（白联：海关留存；黄联：被委托方留存；红联：委托方留存）

中国报关协会监制

表 11-7　　代理报检委托书

代理报检委托书

出入境检验检疫局：

本委托人声明，保证遵守《中华人民共和国进出口商品检验法》《中华人民共和国进出境动植物检疫法》《中华人民共和国国境卫生检疫法》等有关法律法规的规定和检验检疫机构制定的各项规章制度。如有违法行为，自愿接受检验检疫机构的处罚并负法律责任。

本委托人所委托受委托人向检验检疫机构提交的“报检单”和随附的各种单据所列内容是真实无讹的。具体委托情况如下：

本单位将于　　年　　月间进口/出口如下货物：

品　　名：　　　　信用证号：

数（重）量：　　　　提单号：

合 同 号：　　　　船名/航次：

特委托　　　　（地址：　　　　），代表本公司办理所有检验检疫事宜，其间产生的一切相关的法律责任由本公司承担。请贵局按有关法律规定予以办理。

委托方名称：　　　　委托方印章：

单位地址：

邮政编码：

法人代表：

联系电话：

企业性质：

年　月　日

本委托书有效期至　　年　月　日

表 11-8　　国际货物贸易合同

国际货物贸易合同

卖方：______________________________
　　地址：____________邮政编码：____________电话：____________
　　法定代表人：____________职务：____________
买方：______________________________
　　地址：____________邮政编码：____________电话：____________
　　法定代表人：____________职务：____________
经买卖双方友好协商一致同意成交下列商品，订立条款如下，共同遵守：
　　1. 商品：____________
　　2. 规格：____________
　　3. 数量：____________
　　4. 单价：____________
　　5. 总价：USD（大写）____________
　　6. 包装：____________
　　7. 装运期：____________收到信用证后________天
　　8. 装运口岸和目的地：从________经______至__________
　　9. 保险：____________
　　10. 付款条件：____________
　　(1) 买方须于______年______月______日前将保兑的、不可撤销的、可转让的、可分割的即期信用证开到卖方。信用证议付有效期延至上列装运期后______天在______到期。
　　(2) 买方须于签约后即付定金______%。
　　11. 装船标记及交货条件：货运标记由卖方指定。
　　12. 注意：开立信用证时请注明合同编号。

卖方：____________　　买方：____________
代表：____________　　代表：____________
日期：____________　　日期：____________

表 11-9 商业发票

<table>
<tr><td colspan="5">Commercial Invoice
商业发票</td></tr>
<tr><td colspan="2">International Air Waybill No.
(运单号)</td><td colspan="3">Date of Exportation
(出口日期)</td></tr>
<tr><td colspan="2">Shipper/Exporter
(Complete Name and Address)
发件人:</td><td colspan="3">Consignee
(Complete Name and Address)
收件人:</td></tr>
<tr><td>No. of pkgs
(件数)</td><td>Description of Goods
(货物描述)</td><td>Quantity (数量)</td><td>Unit Value
(单价)</td><td>Total Value
(总价)</td></tr>
<tr><td></td><td></td><td></td><td></td><td></td></tr>
<tr><td>Total No. of pkgs
(总件数)</td><td colspan="2"></td><td colspan="2">Total Inv. Value
(总价值)</td></tr>
<tr><td colspan="2">Shipper's Signature & Stamp
发件人签字、盖章:
____________________</td><td colspan="3">Date
签字日期:
____________________</td></tr>
</table>

(五) 装箱单

装箱单是指记载或描述货物内在详细包装情况的单据，它是商业发票的补充单据，也是货运单据中的一项重要单据。

装箱单样本见表 11-10。

(六) 出口收汇核销单

1. 核销单的作用

出口收汇核销单由国家外汇管理局统一管理和制发，各分支局核发，出口单位凭此单向海关办理出口报关，向银行办理出口收汇，向外汇管理部门办理出口收汇核销，此单是向税务机关办理出口退税申报的有顺序编号的重要凭证。

2. 核销单的使用程序

(1) 出口单位在开展出口业务前，凭单位介绍信、出口核销员证（现为开户单位印鉴卡）到外汇局领取核销单。出口单位向外汇局申领核销单时，应当场在每张核销单的“出口单位”栏内填写单位名称或者加盖单位名称章，核销单正式使用前加盖单位公章。

(2) 出口单位持在有效期内、加盖出口单位公章的核销单和相关单据办理报关手续。

表 11-10　　装箱单

装箱单
PACKING LIST

收件人： Consignee：＿＿＿＿＿＿＿＿	运单号： Air Waybill No. ＿＿＿＿＿＿＿＿
公司名称： Company Name：＿＿＿＿＿＿＿＿	承运人： Carrier：＿＿＿＿＿＿＿＿
地址： Address：＿＿＿＿＿＿＿＿	重量： Weight：＿＿＿＿＿＿＿＿
城市/地区号： Town/Area Code：＿＿＿＿＿＿＿＿	体积： Dimensions：＿＿＿＿＿＿＿＿
州名/国家： State/Country：＿＿＿＿＿＿＿＿	电话/传真： Phone/Fax No. ＿＿＿＿＿＿＿＿

详细的商品名称 Full Description of Goods	生产厂商 Manufacturer	数量 No. of Items

本人声明以上提供的资料属实和正确，货物原产地是＿＿＿＿＿＿＿＿

I declare that the above information is true and correct to the best of my knowledge and that the goods are of ＿＿＿＿＿ origin.

出口理由

Reason for Export

签名：

Signature：

公章：

Stamp：

(3) 出口单位办理报关后，应当自报关之日起 60 天内，凭核销单及海关出具的贴有防伪标签、加盖海关“验讫章”的出口报关单、外贸发票到外汇局办理送交存根手续。

(4) 出口单位应当在收到外汇之日起 30 天内凭核销单、银行出具的“出口收汇核销专用联”到外汇局办理出口收汇核销。

出口收汇核销单样本见表 11－11。

表 11－11　　出口收汇核销单

出口收汇核销单
存根
编号:

出口单位:
单位代码:
出口币种总价:
收汇方式:
预计收款日期:
报关日期:
备注:
此单报关有限期截止到:

(出口单位盖章)

出口收汇核销单
编号:

出口单位:				
单位代码:				
银行签注栏	类别	币种金额	日期	盖章
海关签注栏:				
外汇局签注栏: 年 月 日(盖章)				

(出口单位盖章)

(海关盖章)

出口收汇核销单
出口退税专用
编号:

出口单位:		
单位代码:		
货物名称	数量	币种总价
报关单编号:		
外汇局签注栏: 年 月 日(盖章)		

(未经核销此联不得撕开)

(七) 进出口资质证明

1. 进出口公司或进出口代理

一般的出口企业按照销售合同和发票出口货物，但由于对外贸易的复杂性，涉及众多国家的法律法规，海关报关和国际运输较难处理，最终还涉及对外的收汇等财务环节，这些环节都要求出口企业具备相应的业务能力，了解国家法律法规，熟悉出口操作流程。通过向商务部门申请，可以成为具有进出口经营资格的企业。目前国家已经开放了对国内注册的外资进出口贸易资格的申请，大大降低了进出口经营的门槛。进出口企业可以根据合同进行进出口贸易，收取和支付外汇。

企业在取得进出口贸易资格以后，向进出口口岸海关和商检部门申请海关备案和商检备案，之后海关和商检系统里就会有进出口企业的编码和企业信息，企业便可以开始货物在口岸的进出口报关报检手续。如果企业没有获得进出口经营资质，没有在口岸海关和商检备案，就不能同国外的贸易商开展一般贸易性质的进出口业务。这样的企业就需要选一个具备这些条件的进出口贸易公司代理公司的对外贸易，这样的对外贸易合同由进出口贸易代理公司和国外的贸易商签订，并由进出口贸易代理公司最终对外付汇或收汇。

2. 出口许可证

出口许可证（Export Licence）是在国际贸易中，根据一国出口商品管制的法令规定，由有关当局签发的准许出口的证件。出口许可证制是一国对外出口货物实行管制的一项措施。一般而言，某些国家对国内生产所需的原料、半制成品以及国内供不应求的一些紧俏物资和商品实行出口许可证制，通过签发许可证限制出口或禁止出口，以满足国内市场和消费者的需要，保护民族经济。

根据国家规定，凡是国家宣布实行出口许可证管理的商品，不管任何单位或个人，也不分任何贸易方式（对外加工装配方式按有关规定办理），出口前均须申领出口许可证；非外贸经营单位或个人运往国外的货物，不论该商品是否实行出口许可证管理，价值在人民币 1 000 元以上的，一律须申领出口许可证；属于个人随身携带出境或邮寄出境的商品，除符合海关规定（自用、合理数量范围）外，都应申领出口许可证。

3. 进口许可证

与出口许可证类似，在以往的国际贸易中，一些国家会通过签发某些商品的进口许可证（Import Licence），来限制进口数量，以保护国内的企业或产品。如我国以前对进口小汽车采取进口许可证制度，限制进口汽车的数量，保护民族汽车产业，加入世贸组织后，需要取消这种进口壁垒，于是取消了进口许可证制度，目前对某些进口商品统一采用申报制度。

学生练习

说一说报关、报检时，托运人所需提供的单据有哪些。

任务实施

根据所选货物的信息完成下列任务。

1. 将所选择的待运货物申请报关、报检。

2. 准备清单中所列单据的样本，并根据货物的具体情况尽可能将表格填写完整，然后将文件放在货物的随机文件袋中。

任务评价

将对“任务实施”的评价结果填入表 11 - 12 中。

表 11 - 12

评价方式	文件清单是否齐全	文件样本是否齐全	文件填写情况	存在的问题
组内评价				
组间评价				
教师评价				

知识拓展

木制包装熏蒸

在国际贸易中，各国为保护本国资源，对某些进口商品实行强制检疫制度。木质包装熏蒸就是为了防止有害病虫危害进口国森林资源所采取的一种强制措施。因此，含有木质包装的出口货物，就必须在出运前对木质包装物进行除害处理，熏蒸就是除害处理的一种方式。

1. 要求熏蒸（消毒）的木质包装的种类。一般指用于包装、铺垫、支撑、加固货物的材料，如木箱、木板条箱、木托盘、垫仓木料、木桶、木垫方、枕木、木衬板、木轴、木楔等。原木都要熏蒸，打 IPPC 标识。

2. 熏蒸方式。熏蒸方式有使用药物和热处理两种方式，药物处理一般采用溴甲烷、环氧乙烷。

3. 要求强制熏蒸的国家。根据国家质量监督检验检疫总局 2005 年第 4 号公告通知，从 2005 年 3 月 1 日起输往欧盟、加拿大、美国、澳大利亚等国家和地区的带木质包装的货物，其木质包装要加盖 IPPC 标识。

4. IPPC 标识（International Plant Protection Convention，IPPC）。木质包装要加盖 IPPC 标识，IPPC 标识必须置于木质包装的显著位置，至少应在相对的两面，标识应清晰易辨、永久且不能移动；标识避免使用红色或橙色。

任务四　选择货运代理

学习目标

1. 了解航空货运代理人的概念和作用
2. 掌握航空货运代理人的分类
3. 掌握选择货运代理人时应考虑的因素

学习任务

任务内容：选定三家有代表性的航空货运代理公司，分析它们的规模、实力、服务特色等，针对待运货物的性质，选择其中一家货运代理公司，并说明理由。

必备知识

一、航空货运代理人的概念和作用

（一）概念

航空货运代理人通常是指接受航空公司或托运人的委托，专门从事航空货物运输的组织工作，如揽货、接货、订舱、制单、报关、交运或转运等，为货主和航空承运人提供各种服务，从而获取一定的报酬的人。

（二）作用

航空货运代理人是航空货物运输市场中连接货主和航空承运人的重要桥梁和纽带，可以是货主的代理，也可以是航空公司的代理。

二、航空货运代理人的优势

（1）航空货运代理人大多对运输环节和有关规定十分熟悉，并与民航、海关、商检和交通运输部门联系密切，具备办理运输手续的基本条件。同时，其在世界各地都设有分支机构和代理人，能及时联络，随时掌握货物运输动态。

（2）航空货运代理人的主要业务是办理集中托运，这种托运方式可以从航空公司争取到较低的运价，代理公司和货主也可以从这种服务中获得到相应的利益。

三、航空货运代理的发展

（一）中国货代企业的数量增长情况

中国货代企业的数量增长情况如表 11－13 所示。

表 11－13　　中国货代企业数量增长情况统计表

年份（年）	1983	1985	1995	2003
货代企业数量	1 家（中外运）	50 多家	3 000 多家	30 000 家

（二）WTO 对中国货代行业的影响

我国政府在加入 WTO 时对货代行业的承诺有：

（1）分别在一年和四年后允许外资占合资企业多数股份和全资拥有子公司，合资企业经营一年以后可以建立分支机构。

（2）外资货运代理公司在其第一家合资公司经营满五年后可以建立第二家合资公司，“入世”两年后，此项要求被减至两年。

四、航空货运代理人的类型

（一）按照所代理的主体划分

1. IATA 货运代理

代表 IATA 成员航空公司从事货运代理活动，可以拥有航空公司的货运单，并代替航空公司为发货人开具货运单。

2. 非 IATA 货运代理

接受托运人的委托，代表托运人处理各项货运代理业务。

（二）按照代理业务范围划分

1. 国际航空货运代理人

经营国际航线或中国香港、澳门、台湾地区航线的民用航空运输销售代理业务。

2. 国内航空货运代理人

经营国内线（除中国香港、澳门、台湾地区航线以外）的民用航空运输销售代理业务。

学生练习

总结托运人在选择货运代理人时应考虑哪些因素，并将结果写在下面的横线上。

____

____

任务实施

1. 选择三家货运代理公司完成比较表（见表 11－14）。

表 11－14

	货代 1	货代 2	货代 3
公司全称			
公司 LOGO			
总部地点			
北京办事处			
国外办事处			
规模（人员、设备）			
货代类别			
提供的服务			
特色			
联络方式			

2. 选定一家货运代理公司并将理由写在下面的横线上。

____

____

任务评价

将对“任务实施”的评价结果填入表 11－15 中。

表 11－15

评价方式	三家货代公司的资料是否齐全	阐述的理由是否合理	存在的问题
组内评价	☆☆☆☆☆	☆☆☆☆☆	
组间评价	☆☆☆☆☆	☆☆☆☆☆	
教师评价	☆☆☆☆☆	☆☆☆☆☆	

知识拓展

国际货运代理人考试贴士

一、报考条件

具有高中以上学历，有一定的国际货运代理实践经验，或已接受过国际货运代理业务培训并有志于从事国际货运代理业务的人员。

二、报名时间

每年 8 月底至 9 月。

三、考试科目

国际货运代理考试分两科：

1. 国际货运代理理论与实务（包括国际货运代理概论、国际贸易实务、报检与报关、班轮货物运输、租船货运实务、航空货物运输、陆路货物运输、货物多式联运、仓储与物流管理、危险货物运输、货运代理市场营销、货运纠纷处理与案例）。

2. 国际货运代理专业英语（含英文单证）。

四、考试时间

每年 12 月初。

模块十二

国际空运出口货物的收运操作

任务一　明确各职能部门的职责

学习目标

1. 了解空运流程
2. 掌握货运代理、航空公司地面代理、航空公司、海关和商检的收运职责

学习任务

任务内容：绘制货物收运流程图。

必备知识

航空货物运输职能部门如图 12－1 所示。

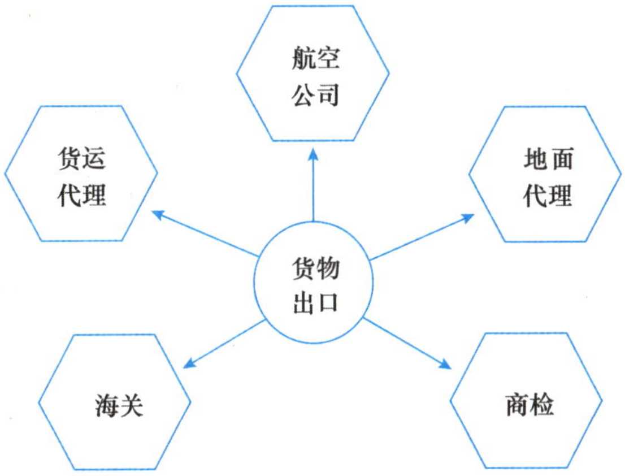

图 12－1　航空货物运输职能部门

航空货物运输流程如图 12 - 2 所示。

图 12 - 2　航空货物运输流程

一、货运代理的责任

（一）提货

托运人与货运代理协商货物递交的方式，常见的有以下两种。

1. 托运人自送货

货运代理应传真货物进仓图给发货人，注明联系人、电话、送货地址、时间等，托运人及时送货，以便货物及时准确入仓。

2. 货运代理提货

发货人需向货运代理提供具体接货地址、联系人、电话、时间等相关信息，货运代理派人上门提货，以确保货物及时入仓。

注意：托运人需交纳提货费。

（二）接收货物并检查文件

货运代理接收人员负责检查货物的包装是否符合航空运输的规定；向海关申报的文件是否齐全，报关预录入单填写是否正确。

（三）预订舱位（选择合适的航班）

货运代理根据发货人的“委托书”，向航空公司订舱（也可由发货人指定航空公司），同时向客户确认航班以及相关信息。

（四）打印包装标记和航空运签

具体内容见模块十一的任务二。

（五）填写货运单

货运代理将货物交给货运站（即航空公司地面代理）后，拿到了货站返还的“可收运单”后，根据数据填写货运单。

（六）出口报关、报检

客户可自行选择报关行，也可委托货运代理公司进行报关，但不论如何，都需要将发货人准备好的所有报关资料，连同货站的“可收运书”，航空公司的正本运单及时交给报关行，以便于及时报关，海关在报关单上加盖放行章，即可放行。

（七）出口文件转交航空公司

将加盖了海关放行章的航空货运单和报关单交给航空公司收运柜台的工作人员。

（八）向目的地发送货物预报

始发地的货运代理要将该票货物的货运单号、航班、件数、重量、品名、实际收货人及其地址、联系电话等内容发给目的地代理公司，随附运单。

二、地面代理（货运站）的责任

（一）根据委托书核对货物及相关文件

货站的收货人员要根据托运委托书上填写的内容来核对货物，要求单货相符。

（二）货物安全检查

通过 X 光机检查货物是否含有违禁物品，检查合格后，要在货物上贴上安全标签。

货物安检仪

（三）理货（装板、箱），检查标记、标签

货站工作人员将货物按照运输的机型装到集装板或集装箱上，并根据货物的信息检查标记和标签贴挂是否正确。

（四）称重

通过过磅以及丈量货物尺寸，货站将整单货物的实际重量以及体积重量写入“可收运书”。

（五）特殊处理

可能因货物的重要性、危险性以及装运限制（如超大、超重等）等原因，货站将要求承运的航空公司代表进行审核，并签字说明，才可入仓。

（六）入库

货物按照航班计划，在装机前需要在机场海关监管仓库存储；特殊货物还需要特殊的仓储设施，如危险品仓库，对温度和湿度有要求的恒温库等。地面代理操作人员使用叉车等设备将货物移至仓库开放式存货区或货架存储，存储时间长短与预定的航班时间密切相关；一些对安保要求特别严格的国家对货物强制要求储存 24 小时以上。

（七）装机

航空公司配载部门根据货物的重量进行配载之后，填制装载通知单，货场的监装人员按照通知单指挥装卸工人将货物装上飞机货舱。

装货原则：大不压小，重不压轻，木箱不压纸箱。

三、航空公司的责任

（一）接收货物相关文件

相关文件包括从托运人那里交来的货运单，如果运输的是特种货物还要包括特种货物的相关文件，如危险品申报单、活动物托运人证明书等，装入随机文件袋。

（二）配载

货运部门及时将收到的货物信息报到配载部门，配载部门根据货物重量和值机部门反馈的旅客人数填制载重平衡表，计算飞机的重心位置，对货物进行统一调配。

（三）根据货运单录入舱单

将本次航班所涉及的所有货物全部录入舱单。舱单样本见附录四。

（四）报关

拿到舱单后带齐上述所有的文件资料，到海关办理出关手续。

（五）与货代结算

结算运费。

四、商检

商品检验是国际贸易发展的产物。它随着国际贸易的发展逐渐成为商品买卖的一个重要环节和买卖合同中不可缺少的一项内容。商品检验是不同国家对进出口商品实施品质管制的一种体现。这种管制方式在出口商品生产、销售和进口商品按既定条件采购等方面发挥着积极作用。

《商检法》规定，进出口商品实施检验的内容，包括商品的质量、规格、数量、重量、包装以及是否符合安全、卫生要求。检验的依据主要以买卖合同（包括信用证）中所规定的有关条款为准。

我国进出口商品检验工作，主要有四个环节：接受报验、抽样、检验和签发证书。国家出入境检验检疫局与海关总署从2000年1月1日起实施新的检验检疫货物通关制度，通关模式为“先报验，后报关”，同时出入境检验检疫局启用新的证书。对实施进出口检疫的货物启用“入境货物通关单”和“出境货物通关单”，并在通关单上加盖检验检疫专用章，对列入《出入境检验检疫机构实施检验检疫的进出境商品目录》的进出口货物（包括转关运输货物），海关一律凭货物报关地出入境检验检疫局签发的“入境货物通关单”或“出境货物通关单”验放。

五、海关

中华人民共和国海关是国家的进出境监督管理机关，依照《中华人民共和国海关法》等有关法律、法规，中国海关主要承担四项基本任务：监管进出境运输工具、货物、物品；征收关税和其他税费；查缉走私；编制海关统计和办理其他海关业务。根据这些任务主要履行通关监管、税收征管、加工贸易和保税监管、海关统计、海关稽查、打击走私、口岸管理七项职责。

海关对进出口货物通关监管的作业环节如图12－3所示。

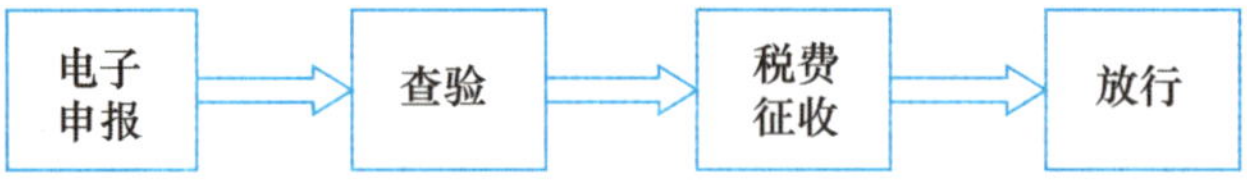

图12－3　作业环节

（一）电子申报

1. 准备申报单证

需要准备的单证有：报关单；进出口货物的货运单据和商业单据；进出口许可证、加工贸易登记手册、特定减免税证明、原产地证明书、出口收汇核销单等；贸易合同、进出口企业的有关证明文件。

2. 申报前看货取样（仅对于进口货物而言）

为了准确确定进口货物的品名、规格、型号，了解货物的状况，便于正确申报，通常由收货人提出申请，海关同意并派人员现场监管。海关开具取样记录和取样清单，取样后要正确填写。

3. 申报

申报电子数据时，应提交纸质报关单和随附单证。

（二）查验

海关根据国家的法律规定确定进出境货物的性质、价格、数量、原产地、货物状况等是否与报关填报内容一致。检查核实所报货物有无伪报、瞒报、申报不实等违规行为，并为海关进行征税、统计、后续管理提供可靠的资料。

（三）税费征收

经海关审核报关单，并查验货物无误后，海关根据申报的货物计算税费，打印纳税缴款书和收费票据。凭海关签发的缴税通知书和收费单据在限定的时间内向指定银行缴纳税费，或在网上进行电子支付。

（四）放行

经上述环节后，海关对进出口货物作出结束海关现场监管的决定，允许进出口货物离开海关监管现场。

学生练习

请在下面的方框内列出航空货运的流程。

任务实施

请在表 12－1 中绘制航空货物出口收运操作流程图。（提示：各个角色的操作步骤之间有一些交叉点，在绘制时应注意。）

表 12－1

航空货物出口收运操作流程图

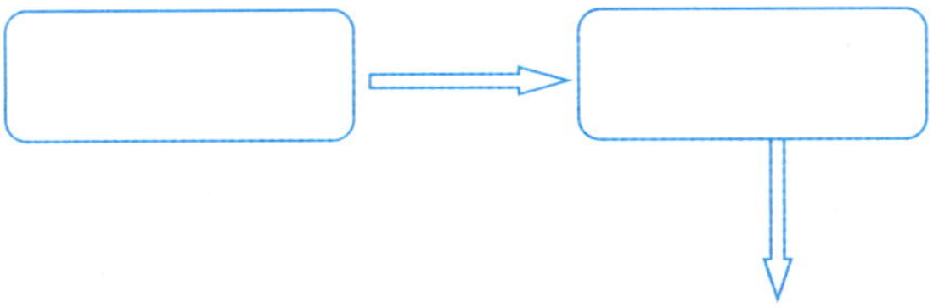

任务评价

将对“任务实施”的评价结果填入表 12－2 中。

表 12－2

评价方式	操作步骤是否齐全	每个角色的操作步骤间的交叉点是否清晰	绘制的流程图是否简洁、美观	存在的问题
组内评价	☆☆☆☆☆	☆☆☆☆☆	☆☆☆☆☆	
组间评价	☆☆☆☆☆	☆☆☆☆☆	☆☆☆☆☆	
教师评价	☆☆☆☆☆	☆☆☆☆☆	☆☆☆☆☆	

知识拓展

集中托运

集中托运是指集中托运人（Consolidator）将若干批单独发运的货物组成一整批，向航空公司办理托运，采用一份航空总运单集中发运到同一目的站，由集中托运人在目的地指定的代理收货，再根据集中托运人签发的航空分运单分拨给各实际收货人的运输方式，这是航空货物运输中开展的最为普遍的一种运输方式，也是航空货运代理的主要业务之一。

集中托运的特点：

1. 节省运费：航空货运公司的集中托运运价一般低于航空协会的运价，即发货人可得到低于航空公司的运价，从而节省费用。

2. 提供方便：将货物集中托运，可使货物到达航空公司到达地点以外的地方，延伸了航空公司的服务，方便了货主。

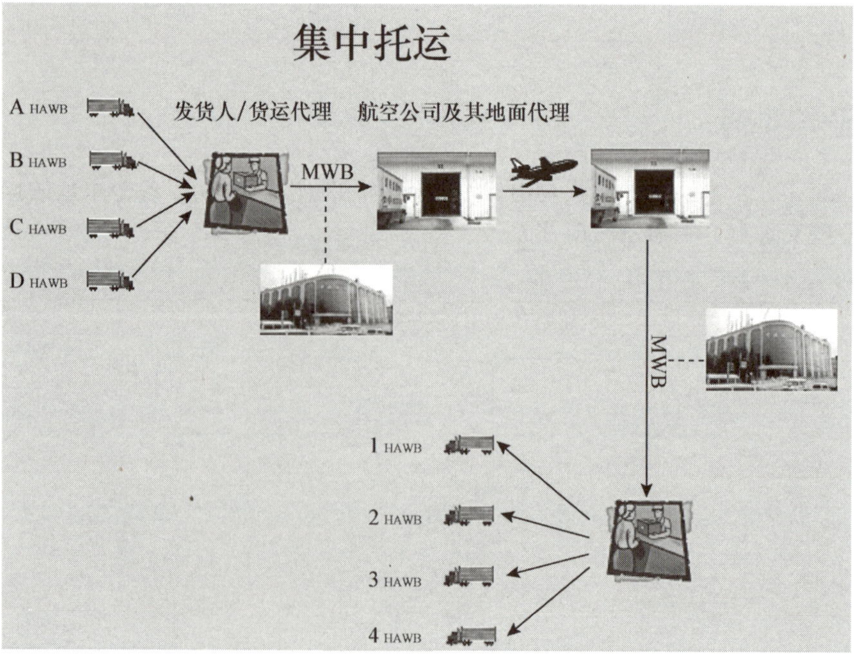

集中托运方式已在世界范围内普遍开展，形成了较为完善、有效的服务系统，为促进国际贸易发展和国际科技文化交流发挥了良好的作用。

任务二 选择航班，预订舱位

学习目标

1. 了解航班时刻表中各项内容的含义
2. 掌握利用航班时刻表查询恰当的航班的方法

学习任务

任务内容：根据待运货物的运输要求选择合适的航班。

必备知识

一、航班时刻表

（一）航班时刻表的一般来源

1. 航空货物运输指南（Official Airways Guide，OAG）

OAG 是集中了世界各大航空公司货物运输航班时刻表和运价等信息的一本月刊，航空公司、货运代理人和用户能够很方便地查询和使用该资料。

2. 网站

在一些航空公司的网站上和一些民航业的服务网站上，能够查到一些客运航班的航班时刻表。

3. 航空公司

由于航空公司与货运代理之间有特殊关系（航空公司在运价方面给予货运代理一定优惠），因此航空公司也会提供适合货物运输的航班时刻表。

（二）航班时刻表的内容

1. OAG 中的航班时刻表样本

样本如表 12 - 3 所示。

2. 航班时刻表样本中各项内容的含义

（1）“BEIJING CHINA PR OF（BJS）　　+0800”为始发地城市。

（2）“CAPITAL（PEK）. 15mls/25kms N of Beijing. General check-in 60mins except AF30，BA90，CAInt150，Dom120，CZ90，ET90，H490，IR180，KA90，KE20，LY45，MU30，NX120，PK120，SQ120，SR，TG，UA90，QF Economy90，3U 30mins.”为该城市的机场情况。

表 12－3　　　　航班时刻表样本

BEIJING CHINA PR OF (BJS)									+0800
CAPITAL (PEK). 15mls/25kms N of Beijing. General check-in 60mins except AF30，BA90，CAInt150，Dom120，CZ90，ET90，H490，IR180，KA90，KE20，LY45，MU30，NX120，PK120，SQ120，SR，TG，UA90，QF Economy90，3U 30mins.									
……									
San Francisco	SFO								
—	10—Jul	1234567	1035PEK	0925	UA	852	744	FCYBM	1
20—Aug	—	1234567	1035PEK	0930	UA	852	744	FCYBM	1
11—Jul	18—Aug	1234567	1035PEK	0930	UA	852	744	FCYBM	1
19—Aug	only	——4——	1035PEK	0930	UA	852	744	FCYBM	1
—	—	—2—45—	1245PEK	1305	CA	985	74E	FPCJY	1
—	—	—2—45—	1245PEK	1305	NW	5985	74E	JCYB◆	1
—	—	————6—	1245PEK	1305	CA	985	744	FPCJY	1
—	—	————6—	1245PEK	1305	NW	5985	744	JCYB◆	1
—	—	——3——7	1720PEK	1345	AA	7953	M11	CYGH◆	0
—	—	——3——7	1720PEK	1345	MU	581	M11	CJYKE	0
TRANSFER CONNECTIONS									
—	—	——3———	0750PEK	1050HKG	CA	101	744	FCYHK	0
			1325HKG	1455TPE	BR	666	AB3	CYBMQ	0
			1910TPE	1530	BR	18	747	FCYMQ	0
—	9—Jul	——3—5—7	1300PEK	1330LAX	CA	983	74E	FPCJY	1
			1540LAX	1654	UA	2040	733	FYBMH	0
—	—	12345—7	1645PEK	1220YVR	CP	30	763	JYBHQ	0
			1400YVR	1619	CP	515	737	JYBHQ	0

(3)“San Francisco　　SFO”为目的地城市。

(4)“11—Jul”为航班有效期的起始时间。

(5)“18—Aug”为航班有效期的截止时间。

(6)“1234567”为班期。

(7)“1035PEK”为起飞时间及机场。

(8)“0930”为到达时间及机场。

(9)“UA”为航空公司两字代码。

(10)“852”为航班号。

(11)“744”为机型代码。

(12)“FCYBM”为舱位级别。

(13)“1”为经停点。

二、航班时刻表在货运中的应用

货物操作人员应根据货物的运输要求和特点，在航班时刻表中为货物选择合适的航班。选择航班时应考虑以下几方面问题。

（一）航空公司

首选基地在始发地的航空公司或是在此航线上航班较多的航空公司。

（二）机型

各种机型的货舱门的尺寸和货舱内部的容积是不同的，要考虑所运输货物的包装尺寸，以确定货物能否装上此种机型，另外如果是集装货物还要考虑此机型能否装运集装设备。

（三）起飞时间

起飞前至少留有 4 个小时作报关和地面操作，同时还要考虑航班的有效期和班期。

（四）直达/中转航班

首选直达航班。

（五）运价

货主一般会考虑运价优惠的航班。

综上所述，作为货运代理应在考虑到前四个因素的基础上给货主提供 2～3 种航班方案，并给出报价，由货主全面考虑选择一种方案。

学生练习

某手机公司准备出口一批不带电池的手机到美国洛杉矶，10 月 13 号下午四点已备好货，货主希望尽早装机运往美国洛杉矶，电池包装尺寸为 60×80×80cm，共四箱。请根据给出的航班时刻表（见表 12－4）为货主选择合适的航班。

表 12－4

BEIJING CHINA PR OF (BJS)									+0800
CAPITAL (PEK). 15mls/25kms N of Beijing. General check-in 60mins except AF30, BA90, CAInt150, Dom120, CZ90, ET90, H490, IR180, KA90, KE20, LY45, MU30, NX120, PK120, SQ120, SR, TG, UA90, QF Economy90, 3U 30mins.									
……									
L Angeles US LAX						LAX-International			
—	—	1234567	1140PEK	1100LAX	MU	583	M11	CJYKE	1
—	—	1234567	1140PEK	1100LAX	AA	7951	M11	CYGHC	1
—	—	—3—5—7	1300PEK	1330LAX	NW	5983	74E	JCYBV	1
—	—	—3—5—7	1300PEK	1330LAX	CA	983	74E	FPCJY	1
			TRANSFER CONNECTIONS						
—	—	1234567	0750PEK	1050HKG	CA	101	744	FCYHK	0
			1345HKG	1515TPE	CI	652	AB3	CYBMQ	0
			1640TPE	1405	CI	006	744	FCYBM	0
—	10—Oct	134567	0750PEK	1050HKG	CA	101	744	FCYHK	0
			1245HKG	1030LAX	UA	2	744	FCYBM	0
—	17—Nov	—2—6—	1020PEK	1255HKG	CA	111	777	FCYHK	0
			1500HKG	1310LAX	CX	882	744	FAJDI	0

—	10—Oct	1234567	1035PEK	1455NRT	UA	852	744	FCYBM	0
			1645NRT	1020LAX	UA	890	744	FCYBM	0
—	10—Oct	1234567	1035PEK	0925SFO	UA	852	744	FCYBM	0
			1107SFO	1230LAX	UA	2027	735	FYBMH	0
—	—	12—4—6—	1240PEK	1540SEL	KE	852	333	FCYHT	0
			1840SEL	1400LAX	KE	015	744	FCYHT	0
—	—	—3—5—7	1240PEK	1540SEL	KE	852	333	FCYHT	0
			1840SEL	1400SEL	KE	061	744	FCYHT	0
—	10—Oct	—2—456—	1245PEK	1305SFO	CA	985	74E	FPGJY	0
			1450SFO	1608LAX	UA	2117	733	FYBMH	0

任务实施

根据所选待运货物的特点和货主的要求为货物选择合适的航班。

1. 待运货物准备就绪的时间为：________________

2. 分析起飞时间要求，并将分析结果写在下面的横线上。

____

____

3. 分析航空公司因素，并将分析结果写在下面的横线上。

____

4. 分析机型因素，并将分析结果写在下面的横线上。

____

5. 分析直达/中转因素，并将分析结果写在下面的横线上。

____

综合考虑各因素，选出较为合适的1～2个航班，并将航班信息填到表12-5中。

表12-5

航班号	起飞时间	到达时间	航班有效期	班期	机型	直达/中转	经停点

任务评价

将对“任务实施”的评价结果填入表12-6中。

表12-6

评价方式	起飞时间是否合理	机型是否适合	是否考虑了航空公司	是否考虑了直达/中转	小组合作
组内评价	☆☆☆☆☆	☆☆☆☆☆	☆☆☆☆☆	☆☆☆☆☆	—
组间评价	☆☆☆☆☆	☆☆☆☆☆	☆☆☆☆☆	☆☆☆☆☆	—
教师评价	☆☆☆☆☆	☆☆☆☆☆	☆☆☆☆☆	☆☆☆☆☆	

知识拓展

航班配载

航班配载是指值机人员关闭柜台后，按照航班目前重心位置，通过航班配载表有计划地将不同重量的货物装运到航班不同位置，必要时调整尾翼的角度，使飞机重心位置达到起飞要求。具体配载原则如下：

1. 除了满足飞机的载重平衡和结构强度限制以外，装载业载时要保证各到达站（尤其对于多航段航班来说）装卸处理迅速方便。

2. 对于多航段航班来说，到达不同航站的业载必须容易辨认，为此有时在中途站需要部分地重装业载以保证飞机平衡和方便下站的装卸。

3. 装载业载的顺序应与业载到达站的顺序相反。所有站都应注意这一点，以保证在下一站卸载方便迅速。为了保证装载顺序，在空间允许时，中途站必须把本站装入的业载与到达相同目的站的过站业载堆放在一起，为此有时需要重新堆放过站业载。

4. 装机时，行李应最后装机以便到达目的站后最先卸下来，尽快交给旅客。因此当行李较多时，将到达下站的行李分装在两个货舱内可能更好，这样可以加快行李卸机的速度。

5. 对于免费载运的业载，除去紧急或贵重物品外，都应放在易取出的位置，以便需要时取出。

6. 重要旅客（VIP）的行李应放在易于取出的地方（如舱门附近）并作明显标记，以便到达目的站后优先卸机交给旅客。

任务三 散装货物的限制

学习目标

1. 了解飞机的重量和货舱容积的限制

2. 掌握运用飞机装载表判断一件货物能否装入飞机货舱的方法

3. 掌握计算货物是否超过飞机地板承受力限制的方法，以及超出限制后的解决方法

学习任务

任务内容：根据待运货物的尺寸和重量判断货物是否能够装载上所选的飞机。

必备知识

一、重量的限制

（1）货物重量不得超过该架飞机所能承运的最大业务载量。

（2）货物重量不得超过一个货舱所能装载的最大重量。

（3）货物重量不得超过一个分货舱所能装载的最大重量。

（4）要考虑各航空公司和各航站楼的人力、机械设备情况。

二、货舱容积的限制

飞机上的货舱容积是一定的。

（一）轻泡货物

轻泡货物体积大、重量小。在未达到货舱所能装载的最大重量之前，会早早占满整个货舱的容积。

（二）比重大的货物

比重大的货物体积小、重量大，装载时可能已达到货舱的重量极限，但舱中却仍剩余空间。

因此，装载货物时应将轻泡货物和比重大的货物搭配着装载，这样才能最大限度地利用货舱的容积而又不超过它的重量极限。

三、舱门尺寸的限制

将每货物装进货舱，必须经过飞机的货舱门，由此可见，货舱容积的限制并不是货物能否顺利被装入货舱的唯一限制条件。因此在装载货物时，不但要考虑舱门尺寸，还要考虑舱门与舱壁的相对位置和舱门开在货舱的哪一侧。

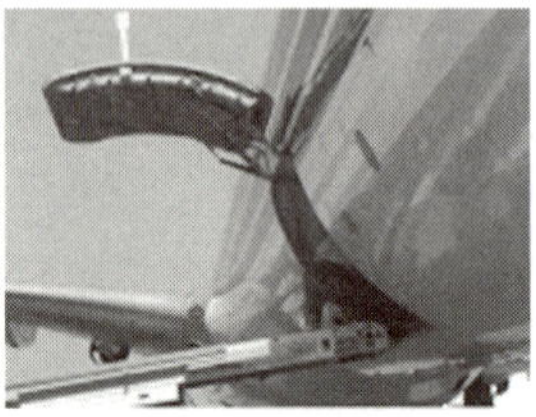

飞机下货舱舱门

飞机的装载表可以帮助人们判断一件货物能否顺利通过飞机的货舱门装进货舱。

TACT Rules 公布了一些装载表，它是按机型的英文字母顺序排列的，表中所示的最大允许尺寸是针对散货而言的。这些表给出了基本高度和宽度，在任何一对宽和高的交叉点上的数字便是这件货物的最大允许长度。

B777-200 舱门尺寸比较表如表 12-7 所示。

表 12-7 B777-200 舱门尺寸比较表

Height	Width					
	12	25	38	50	63	84
10	429	429	429	411	381	347
20	429	429	429	411	381	347
30	429	429	429	411	381	347
40	429	429	429	411	381	347
50	429	429	429	411	381	347
60	429	429	429	411	381	347
71	429	429	429	411	381	347
81	429	429	429	391	363	337
91	429	429	408	373	347	325
101	429	429	391	360	337	312

注意：货物尺寸的表示方法：长×宽×高，后面应注明使用的测量单位（cm 或 in）。

例： 机型：B777-200 系列；货物尺寸：396×60×38cm，可以斜侧装卸。问：是否可以装上此机型？

第一步：找到 B777-200 系列的装载表。

第二步：依据"就高的原则"查找宽度（Width）下面的顶端数字（63cm），再看装载表的左侧第一列，查找高度（Height）下面的顶端数字（40cm）；再找到两者的横纵交叉点的数字，即为所允许的最大长度（381cm）。

396cm>381cm

结果：此件货物垂直放置不能装进 B737-200 系列的下货舱。

第三步：倾斜到另一侧，则可得到它的尺寸：396×38×60cm，然后再按第二步核查，其最大允许长度为 429cm。

396cm<429cm

结果：将此件货物 396×38 面朝下放置，可以装入 B777-200 的下货舱。

注意：如果货物包装上有向上标志时，就不能将货物倒向另一面，因此，这件货物不能被装上这架飞机。

四、机舱地板的承重极限

飞机制造者为每种机型的机舱地板都规定了承重极限——额定负荷，如果货物使机舱地板单位面积承重超过额定负荷，则会导致机舱地板损坏，甚至使飞机自身结构受损，因此，为飞机装货时应做到：

（1）不许超过机舱地板的额定负荷。

（2）超过机舱地板额定负荷时要加一块合适的木质垫板。

例如： B747-200 主货舱的承重极限为 1 952kg/m^2；B747-200 下货舱的承重极限

为 976kg/m^2；B747－200 散货舱的承重极限为 732kg/m^2。

各种机型机舱地板承受力数据见附录三。

（一）先考虑货物是否超过飞机货舱地板的最大承受力

货舱中的货物应该尽量避免使用垫板，所以应该把货物最大面积的那一面朝下放置（没有“向上放置”的标志）。

每平方米地板所承受的重量＝货物重量(kg)/货物底部面积(m^2)

（二）若超过货舱地板的最大承受力，则考虑如何增加垫板

垫板面积(m^2)＝(货物重量＋垫板重量)/地板额定负荷

例： 货物毛重：350kg；外观尺寸：130×50×30cm；垫板重量按 10kg 计算；机型：B747－200 系列。判断该货物若装在下货舱是否超过机舱地板的承重极限，若超过，应如何处理？

解：（1）货物各面与地板接触时每平方米的承重为：

A 面：350/0.65＝538kg/m^2

B 面：350/0.39＝897kg/m^2

C 面：350/0.15＝2 333kg/m^2

A、B 面朝下放置时，没有超过 B747－200 下货舱的地板承重极限；而 C 面朝下放置时，超过了 B747－200 下货舱的地板承重极限，需加垫板。

（2）若此件货物必须 C 面朝下放置装在 B747－200 下货舱时，则所需垫板的最小面积为：(350＋10)/976＝0.37m^2。

学生练习

1. 某票货物，货物尺寸：345×65×78cm，可以斜侧装卸，此货物能否装进 B777－200 中？如何放？

2. 如右图所示，货物重量为 1 850kg，货物尺寸为 3×2×1m。

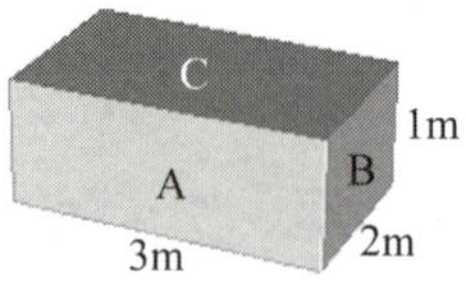

（1）此件货物按图中所指出的 A、B、C 三个面放在货舱地板上时，对地板的压力各是多少？

（2）这架飞机货舱地板的最大承受力是 650kg/m^2，哪个面（A、B、C 三面）朝下放置不需要加垫板？

（3）如果此件货物不能像（2）中所标示的方法放置，请问所需垫板的最小面积应为多少？（垫板重量按 10kg 计算）

任务实施

根据所选货物的信息完成下列任务。

1. 舱门的限制。

（1）所选航班的机型为________

（2）该机型的装载表为________

（3）待运货物的尺寸为________

（4）货物是否可以倾斜放置？________

（5）该货物是否可以装进该机型的舱门？________

（6）货物如何放置？（哪面朝下）________

2. 重量的限制。

（1）货物的毛重为________

（2）描述货物的尺寸，将结果画在下图中。

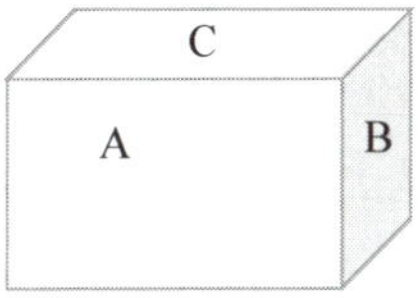

（3）计算货物各面的面积。

A 面：

B 面：

C 面：

（4）该机型的散货舱的地板承受力为________

（5）该货物是否可以倾斜放置？________

（6）计算货物的 A、B、C 三面朝下放置时对机舱地板的压力。

A 面：

B 面：

C 面：

（7）结论：

____

（8）若需要加垫板，需要加多大面积的垫板？

____

任务评价

将对“任务实施”的评价结果填入表12－8中。

表12－8

评价方式	舱门判断是否正确	机舱地板的承受力计算是否准确	小组合作	存在的问题
组内评价	☆☆☆☆☆	☆☆☆☆☆	☆☆☆☆☆	
组间评价	☆☆☆☆☆	☆☆☆☆☆	☆☆☆☆☆	
教师评价	☆☆☆☆☆	☆☆☆☆☆	☆☆☆☆☆	

知识拓展

垫板的要求

垫板应当是粗长的木材、特制的铝垫条或者是特制钢垫条。一般的木板和三夹板只能用来垫托500kg以下的货物。航空公司的装载手册中写明了各种垫材的承受力强度，货运人员应当根据货物的重量按照公司装载手册的规定确定纵向和横向铺放垫材的数量。

垫材必须是具有相同材质、相同平直、相同长度、相同厚度和相同承受力强度的材料。

常见的垫材有：枞木：15cm（宽）×15cm（厚）；10cm（宽）×15cm（厚）。云杉木：11cm（宽）×20cm（厚）；15cm（宽）×15cm（厚）；10cm（宽）×15cm（厚）。铁杉木：15cm（宽）×15cm（厚）。

垫板的厚度越厚，垫材的承受力强度就越大。

托垫特别重的重件货的纵向垫材，应当是特制的铝垫条或特制钢垫条，其形状类似铁轨，也可以使用承受力较大的粗厚木材。

任务四　计算航空运费

当货物已经全部满足接收的条件后，承运人所要做的下一步工作就是计算航空运费。在计算航空运费时，所要考虑的两个要素就是计费重量和适用的运价。

航空运费＝计费重量×适用的运价

子任务1　确定计费重量

学习目标

1. 掌握体积重量的折算方法

2. 掌握计费重量的确定规则
3. 掌握计费重量的进整方法

学习任务

任务内容：根据待运货物的尺寸和毛重确定该货物的计费重量。

必备知识

一、实际重量——毛重

实际重量是指包括货物包装在内的货物重量，又称为货物的毛重（Gross Weight）。实际重量的进位单位是 0.1kg，进位方法是四舍五入。

例：某件货物过磅时称得的重量是 285.56kg，进位后应表示为 285.6kg；若称得的重量是 134.42kg，则进位后应表示为 134.4kg。

二、体积重量

体积重量（Volume Weight）是指将货物的体积按一定的比率折算成重量。

一般来说，当交运的货物属于轻泡货物时，会占很大的空间，就不能再装其他货物了，承运人就会亏本，此时，需要按货物体积来收费，具体以体积与重量之间一定的折算比率折算。（注：每千克货物的体积超过 6 000cm^3 时称为轻泡货物）

（1）体积的计算方法。

体积＝最长×最宽×最高（长、宽、高先四舍五入化为整数后，再计算）

例：量得货物的尺寸为：60.5×40.3×50.7cm，进整后为 61×40×51cm，则

体积＝61×40×51＝12 440cm^3

（2）体积与重量的折算方法。

换算标准：每 6 000cm^3 折合为 1kg；每 366in^3 折合为 1kg；每 166in^3 折合为 1lb。

例：上例中的体积重量＝12 440/6 000＝2.07kg。

（3）体积重量的进位单位是 0.5kg。

1）当实际毛重用千克表示时，大于 0.5 的小数部分应进为 1；小于（或等于）0.5 的小数部分应进为 0.5。

2）当实际毛重用磅表示时，所有小数部分均进为 1。

例：体积重量折算示例如表 12－9 所示。

表 12－9　体积重量折算示例

货物毛重	25.3kg	100.6kg	50.4lb	50.7lb
应进整为	25.5kg	101.0kg	51.0lb	51.0lb

练习：计算下列货物的体积重量：

（1）货物 3 件，每件体积为 22×16×45in。

（2）货物 4 件，每件体积为 54×42×28cm。

三、计费重量

（1）将货物的实际毛重和体积重量相比较，取高者作为计费重量（Chargeable Weight）。

（2）计费重量的进位单位是 0.5kg，进位方法同体积重量。

例 1：货物毛重 300kg，体积为 1 908 900cm³。

解：货物的体积重量＝1 908 900/6 000kg＝318.15kg→318.5kg

318.5＞300

所以，该货物的计费重量为其体积重量 318.5kg。

例 2：货物毛重为 770kg，体积为 277 200in³。

解：货物的体积重量＝277 200/366＝757.37kg→757.5kg

770＞757.5

所以，该货物的计费重量为其实际毛重 770kg。

例 3：一批货物由两件组成，确定该货物的计费重量。

包装 A：实际毛重 30kg，体积为 90×70×50cm＝315 000cm³。

包装 B：实际毛重 30kg，体积为 70×50×40cm＝140 000cm³。

解：总实际毛重＝30＋30＝60kg

总体积＝315 000＋140 000＝455 000cm³

总体积重量＝455 000/6 000＝75.83kg→76.0kg

所以，计费重量为其体积重量 76.0kg。

学生练习

1. 如右图所示，某圆柱形货物，底面直径为 50cm，高为 70cm，试求其体积重量。

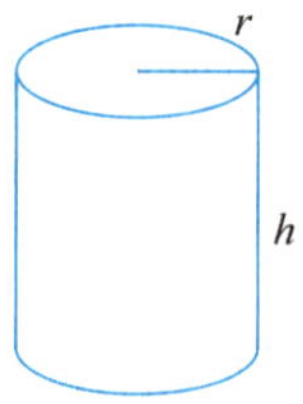

2. 有一票货物由下列两件包装所组成，确定该票货物的计费重量。

包装 A：毛重 30kg，尺寸 80×70×50cm。

包装 B：毛重 35kg，尺寸 70×60×50cm。

任务实施

根据所选货物的信息完成下列任务。

1. 货物的毛重为________________

2. 货物的尺寸为________________

3. 该货物的体积重量为________________

计算过程：

4. 该货物的计费重量为________________

确定依据：

任务评价

将对“任务实施”的评价结果填入表 12-10 中。

表 12-10

评价方式	体积重量是否正确	计费重量是否正确	小组合作	存在的问题
组内评价	☆☆☆☆☆	☆☆☆☆☆	☆☆☆☆☆	
组间评价	☆☆☆☆☆	☆☆☆☆☆	☆☆☆☆☆	
教师评价	☆☆☆☆☆	☆☆☆☆☆	☆☆☆☆☆	

知识拓展

轻泡货

在物流行业一般按货物的密度将货物分为轻泡货（Bulky Cargo）、重货、重泡货等。1 吨货＞3 立方米的为轻泡货，1 吨货＜2 立方米的为重货，2.5 立方米＜1 吨货＜3.5 立方米的为重泡货。

配载时应注意以下几个原则：

1. 根据运输工具的内径尺寸，计算其最大容积量。

2. 测量所载货物的尺寸重量，结合运输工具的尺寸，初步算出装载轻重货物的比例。

3. 装车时要注意货物摆放顺序、堆码方向（是横摆还是竖放），以最大限度利用货舱空间。

4. 配载时不仅要考虑运输工具的载重量，还要具体情况具体分析，根据货物的价值来进行搭配。

5. 以单位运输工具能获取最大利润为配载总原则。

子任务 2　确定货币进位单位

学习目标

1. 了解货币代码的编排规律
2. 了解货币的进位规则，能对不同的货币数值进行取舍

学习任务

任务内容：确定待运货物的货币种类并查找出该种货币的进位单位。

必备知识

一、货币代号

自 1990 年 1 月起，国际货运使用 ISO 制定的统一的货币符号。常见国家及地区货币代码如表 12－11 所示。

表 12－11　常见国家及地区货币代码表

国家及地区名称	两字代码	货币名称	第一个字母	ISO 货币代号
中国	CN	Yuan	Y	CNY
日本	JP	Yen	Y	JPY
美国	US	Dollar	D	USD
加拿大	CA	Dollar	D	CAD
英国	GB	Pound	P	GBP
中国香港	HK	Dollar	D	HKD
西班牙	ES	Peseta	P	ESP
澳大利亚	AU	Dollar	D	AUD

EUR 是欧元的货币代号，在加入欧元区的国家中统一使用。

二、货币的进位

在国际货物运输过程中，无论是运价、航空运费的计算，还是不同货币之间的换算，都会出现小数部分的取舍问题，TACT 将各国货币的进位规则公布在 TACT-RULES 中（见附录五），运费进位时，需将航空运价或运费计算到规定进位单位的下一位，然后按照半位进位法进位，具体方法如下：

（1）当货币进位单位（Rounding off Units）是 0.001、0.01、0.1 或 1、10 时，进位方法与四舍五入相似。

例：CNY37.039，CNY83.423

查表得：CNY 的进位单位是 0.01。

因此：CNY37.039→CNY37.04

　　　CNY83.423→CNY83.42

例：JPY2734.5，JPY3005.1

查表得：JPY 的进位单位是 1。

因此：JPY2734.5→JPY2735

　　　JPY3005.1→JPY3005

例：PYG7134，PYG9727

查表得：PYG 的进位单位是 10。

因此：PYG7134→PYG7130

　　　PYG9727→PYG9730

（2）当货币进位单位（Rounding off Units）是 0.005、0.05、0.5 或 5 时，以最小进位单位的一半为准，小于进位单位的一半时则舍去，而大于进位单位的一半时则进为进位单位，大于进位单位三倍时，进一位。

例如：进位单位为 0.5 时，最小单位的一半是 0.25，则进位区为：

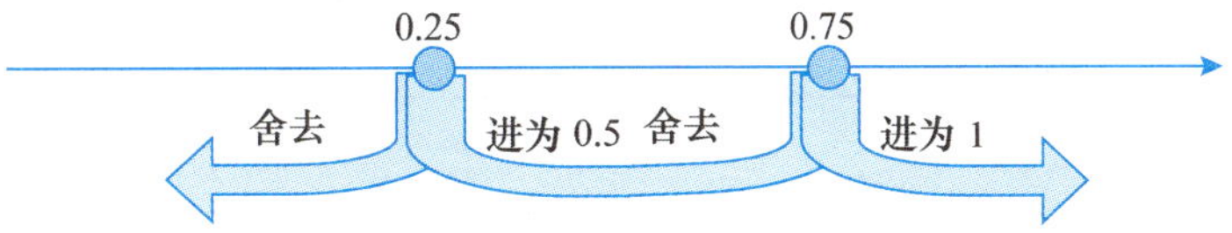

例：FRF8.486 4

查表得：进位单位是 0.05（进位单位的一半是 0.025）。

8.486 4＝8.45＋0.036 4，其尾数 0.036 4＞0.025，所以应进位为 0.05。

因此：FRF8.486 4→8.45＋0.05＝8.50

例：BHD231.371 2

查表得：进位单位是 0.005（进位单位的一半是 0.002 5）。

231.371 2＝231.37＋0.001 2，其尾数为 0.001 2＜0.002 5，所以应该舍去。

因此：BHD231.371 2→BHD231.37

学生练习

根据货币进位的规则对表 12－12 所列货币进行正确取舍。

表 12－12

货币金额	进位单位	取舍后的结果
CNY11 238.673	0.01	
CNY3 485.459	0.01	
COP98 733	10	
ESP9 765.87	1	
SDD273.102 3	0.05	

任务实施

根据所选货物的信息完成下列任务。

1. 待运货物的始发地是________________
2. 该始发地的货币代码为________________
3. 该货币的进位单位是________________

任务评价

将对“任务实施”的评价结果填入表 12－13 中。

表 12－13

评价方式	货币类型是否正确	进位单位是否正确
组间评价		

知识拓展

货币汇率

货币汇率亦称“外汇行市或汇价”。一国货币兑换另一国货币的比率，是以一种货币表示的另一种货币的价格。由于世界各国货币的名称不同，币值不一，所以一国货币对其他国家的货币要规定一个兑换率，即汇率。汇率是指两种不同货币之间的兑换价格。如果把外汇也看成是一种商品，那么汇率即是在外汇市场上用一种货币购买另一种货币的价格。例如，1 美元＝110 日元，表示 1 美元可以换 110 日元。

汇率的表示方法有直接标价法和间接标价法。

一、直接标价法

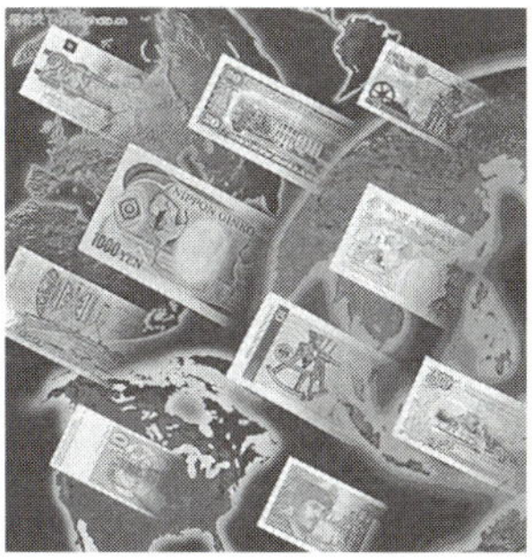

直接标价法是指以一定单位的外国货币为基准，将其折合为一定数额的本国货币的标价方法，目前大多数国家采用这种标价法。日元、瑞士法郎、加拿大元、新加坡元均采用直接标价法。

二、间接标价法

间接标价法是指以一定单位的货币为基准，将其折合为一定数额的外国货币的标价方法。欧元、英镑、澳大利亚元采用间接标价法，如 1 英镑＝1.602 5 美元；1 欧元＝1.568 0 加拿大元；1 欧元＝1.056 2 美元；1 澳大利亚元＝0.592 2 美元等。

子任务 3　确定适用的运价，计算航空运费

学习目标

1. 了解航空运价的类别
2. 了解运价手册中各项内容的含义
3. 掌握在运价手册中根据货物计费重量查询运价的方法
4. 掌握应用 GCR、SCR、CR 计算航空运费的步骤
5. 掌握使用较高重量分界点计算运价的技巧
6. 掌握货运单运价计算栏中各项内容的填写方法
7. 了解混运货物的条件
8. 掌握计算混运货物航空运费的规则

学习任务

任务内容：根据待运货物的性质、尺寸和毛重计算该货物的航空运费。

必备知识 1

航空运价类别及运价手册

航空运价是承运人对所运输的每一重量单位货物所收取的自始发地至目的地的航空费用。

一、运价的种类

目前国际航空货物运价按照制定的途径主要分为协议运价和国际航协运价。

（一）协议运价

协议运价就是由通航的双方或多方航空公司经谈判达成的并经各有关国家政府主管部门批准的、共同遵守的运价。

（二）国际航协运价

国际航协运价是指 IATA 公布在 TACT 运价资料上的运价。按照公布形式可分为公布直达运价和非公布直达运价。

1. 公布直达运价

在航协的运价手册中能查到的从始发地到目的地的运价共分为四类：

（1）普通货物运价（GCR）。

（2）指定商品运价（SCR）。

（3）等级货物运价（CR、CCR）。

（4）集装箱运价（ULD）。

2. 非公布直达运价

（1）比例运价。

如始发地至目的地无公布直达运价时，比例运价采用货物运价手册中公布的某种不能单独使用的运价附加数与已知的公布直达运价相加，构成非公布直达运价。

（2）分段相加运价。

如货物的始发地至目的地无公布直达运价，同时也不能使用比例运价时，则选择适当的运价构成点，采用分段相加的办法组成全程最低运价。

二、运价的使用顺序

（1）优先使用协议运价。

（2）若无协议运价，在运价种类、航程、承运人相同的条件下，公布直达运价的使用顺序为：优先使用指定商品运价；其次使用等级货物运价。

（3）当运输两点间无公布直达运价时，则应使用非公布直达运价。顺序为：优先使用比例运价构成全程直达运价；若两点间无比例运价时，则使用分段相加的办法组成全程最低运价。

OAG

三、公布直达运价的资料来源

（一）航空货物运输指南

航空货物运输指南（OAG）提供的信息覆盖全球航班分销系统和各旅游门户，对航空公司、机场、空交管理机构、航空金融分析机构、飞机制造商、飞机维修商、机场设计者以及政府机构都有切实帮助。OAG 数据系统每 10 秒更新一个新的航班信息，覆盖的航班统计量已达到 2 800 万个。

OAG 在全球经营三大业务：OAG 航空、OAG 货运和 OAG 旅游。

OAG 提供全面的世界货运航班时刻信息，对规划货运线路可提供有益的帮助。OAG 每个月更新一次，并清楚地列出每个货运航班的详细信息，可帮助客户快速轻松地制定货运路线。

（二）国际航空货物运价手册

《国际航空货物运价手册》由国际航空运输协会出版社出版发行，主要提供与航空运输相关的货运业务信息，共分为两部分。

1. 规则手册

航空货物运输规则包括总则、规定和操作程序等内容，是货物运输的核心。规则手册每年出版两期，每年的 4 月和 10 月各出版一期。

2. 运价手册

运价手册主要是公布世界各国或地区的航空货物运价。该手册分为两本：一本是《北美运价手册》，主要包括美国、加拿大、波多黎各、美属维尔京群岛、圣皮埃尔、密克隆等国家或地区的运价。另一本是《世界运价手册》，公布除北美以外的世界各国的航空货物运价。该手册每两个月出版一期，即每年的 2 月、4 月、6 月、8 月、10 月、12 月出版。

北美运价手册

世界运价手册

四、公布直达运价表

（一）表头

Date/Type	Note	Item	Min Wght	Local Corr.

Date：运价有效期。

E×××××：生效日期，如 E05122——运价从 2002 年 12 月 5 日开始生效。

X×××××：失效日期，如 X18112——运价从 2002 年 11 月 18 日后失效。

注意：未注明的，则其有效期的起始日期与运价手册一致，

Type：集装箱的运价种类，如：/A，/C。

Note：注释（在 RULES 3.1 中有解释），如 M001：最低运费要与 5kg×N 运价比较，谁高谁作为最低运费；S091：使用此运价的货物不能提前 24 小时预定吨位，只能

作为填充货。

Item：指定商品代号（4 位数字）。

Min Wght：最低重量，表示某一种运价级别可以使用的重量。

Local Corr.：始发国当地货币公布的运价的单位金额。

（二）始发地公布

按城市英文名称字母顺序排列，如：

BEIJING	CN	BJS
Y. RENMINBI	CNY	KG

（三）目的地公布

始发地下面的粗体名称即为目的地，如：

Date/Type	Note	Item	Min Wght	Local Corr.
BEIJING			CN	BJS
Y. RENMINBI	CNY			KG
……				
TORONTO OT			CA	M 420
				N 64.46
				45 48.84
				100 37.21
……				

（四）IATA 运价体系及代号

根据重量等级的增加，一般运价水平以 25%的比率降低。运价表如下所示：

Date/Type	Note	Item	Min Wght	Local Corr.
BEIJING		CN		BJS
Y. RENMINBI		CNY		KG
……				
TOKYO		JP	M	132
			N	10.00
			45	7.50
			100	5.40
			300	3.80
			500	2.90
……				

M：最低运费。

N：45 千克以下普通货物运价（如无 45 千克以下运价时，N 表示 100 千克以下的普通货物运价）。

Q：45 千克以上运价均用 Q 表示（包括 45 千克后面的 100 千克、300 千克等的运价）。

例： 某票货物从北京运往东京，该货物的计费重量为 187 千克，应选择哪一个运价，运价代号是什么？

解： 根据运价表得知，计费重量 187 千克，大于 100 千克而小于 300 千克，所以运价应选择 100 千克的运价：5.40CNY/kg，运价代号为 Q。

学生练习

根据下面的运价表回答问题：

1. 写出运价表中被圈起部分的含义。

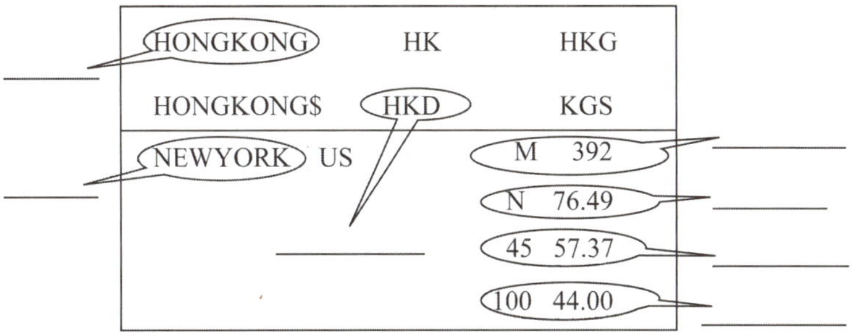

2. 若某票货物毛重为 134 千克，运价应为________，运价代号为________；毛重为 23 千克，运价应为________，运价代号为________。

必备知识 2

普通货物运价

一、普通货物运价的定义

普通货物运价（GCR）是指除了指定商品运价和等级货物运价以外的，适合于普通货物运输的运价。

二、运价代号

N：45 千克以下的普通货物运价。

Q：45 千克以上的（含 45 千克）普通货物运价。

三、运费计算

（1）计算步骤。

第一步，确定计费重量。

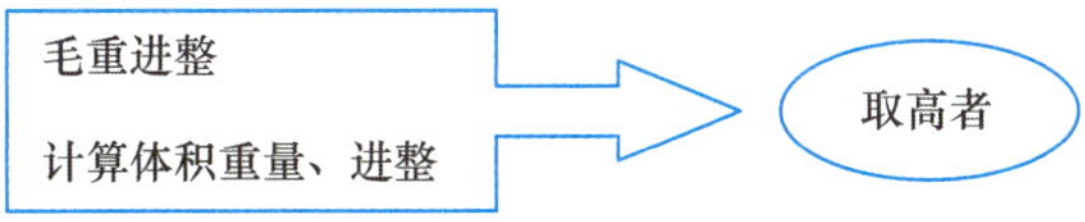

第二步，计算运费。

适合的运价×计费重量

较高重量分界点运价×较高重量分界点重量

→ 取高者

注意：当计费重量接近于某一个重量分界点时，可以抬高计费重量，按该重量分界点的运价计算运费。

第三步，计算所得运费并与最低运费 M 比较，取高者。

（2）填写货运单中的运价计算栏。

四、实例分析

实例一：

Routing：　SHANGHAI，CHINA（SHA）　to　PARIS，FRANCE（PAR）

Commodity：　TOOLS

Gross Weight：　320.0kg

Dimensions：　10boxes　45×60×30cm（each）

计算该票货物的航空运费。

公布运价如下：

SHANGHAI	CN		BJS
Y. RENMINBI	CNY		KG
PARIS	FR	M	320.00
		N	68.34
		45	51.29
		100	44.21

解：

体积：　45×60×30×10=810 000cm^3

体积重量：　810 000/6 000=135.0kg

毛重：　320.0kg

计费重量：　320.0kg

适用的运价：　GCR　Q100　44.21CNY/kg

航空运费：　44.21×320.0=CNY14 147.20

填写航空货运单运费计算栏：

No.of Pieces RCP	Gross Weight	kg lb	Rate Class	Commodity Item No.	Chargeable Weight	Rate/Charge	Total	Nature and Quantity of Goods (Incl. Dimensions of Volume)
10	320	K	Q		320.0	44.21	14 147.20	SERVICE TOOLS DIMS：45×60×30cm×10
10	320						14 147.20	

实例二：

Routing： HONGKONG，HK（HKG）to PARIS，FRANCE（PAR）

Commodity： CLOTHES

Gross Weight：30.0kg

Dimensions： 1box 50×60×80cm

计算该票货物的航空运费。

公布运价如下：

HONGKONG	HK		HKG
HONGKONG $	HKD		KG
PARIS	FR	M	392.00
		N	76.49
		45	57.37
		100	44.00

解：

体积： 50×60×80=240 000cm^3

体积重量： 240 000/6 000=40.0kg

毛重： 30.0kg

计费重量： 40.0kg

适用的运价： GCR N 76.49HKD/kg

航空运费： 76.49×40.0=HKD3 059.60

采用较高重量分界点的较低运价计算（计费重量 40.0kg 比较接近下一个重量级别 45.0kg）：

计费重量： 45.0kg

适用的运价： GCR Q 57.37HKD/kg

航空运费： 57.37×45.0=HKD2 581.65

结论：比较两种计算结果，取运费较低者，即航空运费为 HKD2 581.65。

填写航空货运单运费计算栏：

No.of Pieces RCP	Gross Weight	kg lb	Rate Class	Commodity Item No.	Chargeable Weight	Rate/ Charge	Total	Nature and Quantity of Goods (Incl. Dimensions of Volume)
1	30	K	Q		45.0	57.37	2 581.65	CLOTHES DIMS：50×60×80cm
1	30						2 581.65	

实例三：

Routing： GUANGZHOU，CHINA（CAN）to FRANKFURT，GERMANY（FRA）

Commodity： Computer Keyboard

Gross Weight：2. 1kg

Dimensions：　1box　30×10×20cm

计算该票货物的航空运费。

公布运价如下：

GUANGZHOU	CN		CAN
Y. RENMINBI	CNY		KG
FRANKFURT	DE	M	320. 00
		N	47. 07
		45	38. 70

解：

体积：　$30 \times 10 \times 20 = 6\ 000 cm^3$

体积重量：　6 000/6 000=1. 0kg

毛重：　2. 1kg

计费重量：　2. 1kg→2. 5kg

适用的运价：　GCR　N　47. 07CNY/kg

航空运费：　47. 07×2. 5=CNY117. 675→CNY117. 68

计算结果与最低运费（M=320）相比较，取高者，即航空运费为 CNY320. 00

填写航空货运单运费计算栏：

No.of Pieces RCP	Gross Weight	kg lb	Rate Class	Commodity Item No.	Chargeable Weight	Rate/Charge	Total	Nature and Quantity of Goods (Incl. Dimensions of Volume)
1	2.1	K	M		2.5	320	320.00	Computer Keyboard DIMS：30×10×20cm
1	2.1						320.00	

学生练习

Routing：　HONGKONG，HK（HKG）to ROME，ITALY（ROM）

Commodity：　TEXTILES

Gross Weight：30. 0kg

Dimensions：　1box　56×65×65cm

计算该票货物的航空运费。

公布运价如下：

HONGKONG	HK		HKG
HONGKONG $	HKD		KG
ROME	IT	M	392.00
		N	76.49
		45	57.37
		100	44.00

填写航空货运单运费计算栏：

No.of Pieces RCP	Gross Weight	kg lb	Rate Class		Chargeable Weight	Rate/ Charge	Total	Nature and Quantity of Goods (Incl. Dimensions of Volume)
				Commodity Item No.				

必备知识 3

指定商品运价

一、指定商品运价的定义

指定商品运价（SCR）是指适用于自指定的始发地至指定的目的地之间运输特定品名货物的运价。

通常情况下，同一种量级别的指定商品运价比普通货物运价更优惠，但在使用中会对货物的起止地点、运价使用期限、货物运价的最低重量起点等均有特定的要求。

运价代号为“C”。

二、指定商品的分类、编号

根据货物的性质、属性以及特点等对货物进行分类，共分为 10 大组，每一组又分为 10 个小组，并用 4 位数字进行编号。

0001—0999：可食用的动植物产品。

1000—1999：活体动物及不可食用的动植物产品。

2000—2999：纺织品、纤维及其制品。

3000—3999：金属及其制品，不包括机器、车辆和电器设备。

4000—4999：机器、车辆和电器设备。

5000—5999：非金属矿物质及其产品。

6000—6999：化工材料及其相关产品。

7000—7999：纸张、芦苇、橡胶和木材制品。

8000—8999：科学仪器、专业仪器和精密仪器、器械及配件。

9000—9999：其他。

具体见 IATA-RULES 中的《指定商品品名表》。

附：从北京始发的货物的常用指定商品代码。

0007 FRUIT VEGETABLES：水果、蔬菜。

0008 FRUIT VEGETABLES-FRESH：新鲜的水果、蔬菜。

0300 FISH（EDIBLE），SEAFOOD：鱼（可食用的）、海鲜、海产品。

1093 WORMS：沙蚕。

2195 A：YARN，THREAD，FIBRES-NOT FURTHER PROCESSED OR MANUFACTURED：EXCLUSIVELY IN BALES，BOLTS，PIECES，CLOTH：成包、成卷、成块未进一步加工或制造的纱、线、纤维、布。

B：WEARING APPAREL，TEXTILE MANUFACTURES：服装、纺织品。

2199 A：YARN，THREAD，FIBRES，TEXTILES：纱、线、纤维、纺织原料。

B：TEXTILE MANUFACTURES：纺织品。

C：WEARING APPAREL：服装（包括鞋、袜）。

7481 RUBBER TYPES，RUBBER TUBES：橡胶轮胎、橡胶管。

三、指定商品运价的制定

（一）制定程序

程序为：货主申请—航空公司上报—IATA 指定商品委员会审批。

（二）制定条件

货主必须有足够的产品在固定的航线上进行长期运输。

四、指定商品运价的使用条件

（1）运输始发地至目的地之间有公布的指定商品运价。

（2）托运人交运的货物品名与公布的指定商品运价的商品品名要吻合。

（3）货物的计费重量满足指定商品运价使用时的最低重量要求。

五、运费计算

（一）计算步骤

（1）查询运价表，看是否有指定商品运价。

（2）查询运价手册中的《指定商品品名表》，找到对应的指定商品代号。

（3）货物的计费重量超过指定商品运价的最低重量，则优先使用 SCR。

（4）货物的计费重量没有达到指定商品运价的最低重量，则需要比较计算。

（二）实例分析

实例一：

Routing: XI'AN，CHINA（XIA）to TOKYO，JAPAN（TYO）

Commodity: FRESH CARROT

Gross Weight: 275.0kg

Dimensions: 10boxes 50×60×65cm（each）

计算该票货物的航空运费。

公布运价如下：

XI'AN	CN		XIA
Y. RENMINBI	CNY		KG
TOKYO	JP	M	230.00
		N	30.22
		45	22.71
	0008	300	18.80
	0300	500	20.16
	1093	100	14.72
	2195	500	18.80

解：

查表得：FRESH CARROT 符合指定商品代码 0008

体积： 50×60×65×10=1 950 000cm³

体积重量： 1 950 000/6 000=325.0kg

毛重： 275.0kg

计费重量： 325.0kg

适用的运价： SCR/0008 C300 18.80CNY/kg

航空运费： 18.80×325.0=CNY6 110.00

填写航空货运单运费计算栏：

No.of Pieces RCP	Gross Weight	kg lb	Rate Class	Commodity Item No.	Chargeable Weight	Rate/Charge	Total	Nature and Quantity of Goods (Incl. Dimensions of Volume)
10	275.0	K	C	0008	300	18.80	6 110.00	FRESH CARROT DIMS: 50×60×65cm×10
10	275.0						6 110.00	

实例二：

Routing: SHANGHAI，CHINA（SHA）to OSAKA，JAPAN（OSA）

Commodity: CLOTH

Gross Weight: 485.3kg

Dimensions: 25boxes 40×60×45cm（each）

计算该票货物的航空运费。

公布运价如下：

SHANGHAI	CN		SHA
Y. RENMINBI	CNY		KG
OSAKA	JP	M	230.00
		N	30.22
		45	22.71
	0008	300	18.80
	0300	500	20.16
	1093	100	14.72
	2195	500	18.80

解：

查表得：CLOTH 符合指定商品代码 2195

体积：　　　$40\times60\times45\times25=2\,700\,000\text{cm}^3$

体积重量：　2 700 000/6 000=450.0kg

毛重：　　　485.3kg

（1）按指定商品运价计算：

计费重量：　500kg

适用的运价：　SCR/2195　Q500　18.80CNY/kg

航空运费：　$18.80\times500=$ CNY9 400.00

（2）按普通货物运价计算：

计费重量：　485.3kg→485.5kg

适用的运价：　GCR　Q45　22.71CNY/kg

航空运费：　$22.71\times485.5=$ CNY11 025.705→CNY11 025.71

比较（1）与（2），取运费较低者，即航空运费为指定商品运价计算的运费 CNY9 400.00。

填写航空货运单运费计算栏：

No.of Pieces RCP	Gross Weight	kg lb	Rate Class	Commodity Item No.	Chargeable Weight	Rate/Charge	Total	Nature and Quantity of Goods (Incl. Dimensions of Volume)
25	485.3	K	C	2195	500.0	18.80	9 400.00	CLOTH DIMS：40×60×45cm×25
25	485.3						9 400.00	

实例三：

Routing：　SHANGHAI，CHINA（SHA）to OSAKA，JAPAN（OSA）

Commodity：　CLOTH

Gross Weight：　194.2kg

Dimensions：　10boxes　$40\times60\times45$cm（each）

计算该票货物的航空运费。

公布运价如下：

SHANGHAI	CN		SHA
Y. RENMINBI	CNY		KG
OSAKA	JP	M	230.00
		N	30.22
		45	22.71
	0008	300	18.80
	0300	500	20.16
	1093	100	14.72
	2195	500	18.80

解：

查表得：CLOTH 符合指定商品代码 2195

体积：　　　　$40\times60\times45\times10=1\ 080\ 000cm^3$

体积重量：　　1 080 000/6 000=180.0kg

毛重：　　　　194.2kg

（1）按指定商品运价计算：

计费重量：　　500kg

适用的运价：　SCR/2195　　Q500　　18.80CNY/kg

航空运费：　　18.80×500=CNY9 400.00

（2）按普通货物运价计算：

计费重量：　　194.2kg→194.5kg

适用的运价：　GCR　　Q45　　22.71CNY/kg

航空运费：　　22.71×194.5=CNY4 417.095→CNY4 417.10

比较（1）与（2），取运费较低者，即航空运费为按普通货物运价计算的运费CNY4 417.10。

填写航空货运单运费计算栏：

No.of Pieces RCP	Gross Weight	kg lb	Rate Class	Commodity Item No.	Chargeable Weight	Rate/ Charge	Total	Nature and Quantity of Goods (Incl. Dimensions of Volume)
10	194.2	K	Q		194.5	22.71	4 417.10	CLOTH DIMS：40×60×45cm×10
10	194.2						4 417.10	

学生练习

Routing：　　BEIJING，CHINA（BJS）　to　NAGOYA，JAPAN（NGO）

Commodity：　FRESH　ORANGE

Gross Weight：242.5kg

Dimensions：　5boxes　120×41×36cm（each）

计算该票货物的航空运费。

公布运价如下：

BEIJING	CN		BJS
Y. RENMINBI	CNY		KG
NAGOYA	JP	M	240.00
		N	37.51
		45	28.13
	0008	300	18.50
	0300	500	21.53
	1093	200	18.25
	2195	500	18.80

解：

填写航空货运单运费计算栏：

No.of Pieces RCP	Gross Weight	kg lb	Rate Class	Commodity Item No.	Chargeable Weight	Rate/ Charge	Total	Nature and Quantity of Goods (Incl. Dimensions of Volume)

必备知识 4

等级货物运价

一、等级货物运价的定义

等级货物运价（CR 或 CCR）是在普通货物运价的基础上附加或附减一定的比例构成的，仅适用于规定的业务区内或业务区之间运输某些特定货物的运价。

二、等级货物运价的分类及运价代号

等级货物运价通常分为两类：一是在普通货物运价的基础上增加一定的百分比或不增不减的，代号为 S；二是在普通货物运价的基础上减少一定的百分比的，代号为 R。等级货物运价代号如表 12－14 所示。

表 12－14　　　　　　　　　　　　　　　　　　**等级货物运价代号**

序号	货物类别	等级货物运价代号	序号	货物类别	等级货物运价代号
1	活体动物	S	4	作为货物运送的行李	R
2	贵重货物	S	5	尸体、骨灰	S
3	报纸、杂志等	R	6	汽车	S

三、等级货物运价计算的步骤

（1）根据货物品名判断其是否适合等级货物运价。

（2）用适用的公布运价乘以百分比，并将计算所得的运价进位。

（3）适用的等级货物运价乘以计费重量。

四、等级货物运价的使用

（一）活体动物运价

1. 活体动物运价表

活体动物运价表如表 12－15 所示。

表 12－15　　　　　　　　　　　　　　　　　　**活体动物运价表**

	IATA AREA					
	Within 1	Within 2	Within 3	Between 1&2	Between 2&3	Between 3&1
ALL LIVE ANIMALS Except： Baby Poultry less than 72hours old	175% of Normal GCR	175% of Normal GCR	150% of Normal GCR Except：1 below	175% of Normal GCR	150% of Normal GCR Except：1 below	150% of Normal GCR Except：1 below
Baby Poultry less than 72hours old	Normal GCR	Normal GCR	Normal GCR Except：1 below	Normal GCR	Normal GCR Except：1 below	Normal GCR Except：1 below

Exception：

Within and from the South West Pacific sub-area：200% of the applicable GCR.

2. 使用说明

（1）Normal GCR：无论货物重量多少，均使用 N 运价。

（2）××× of Normal GCR：无论货物重量多少，均使用给出的百分数乘以 N 运价。

（3）××× of the applicable GCR：用给出的百分数乘以货物适合的普通货物运价。

（4）Except：例外。

3. 最低运费

三区：三区内、三区到二区之间、三区到一区之间——200%M。

三区到美国——110%M。

美国到三区——150%M。

其他：见 TACT RULES。

4. 实例分析

实例一：

Routing：　ROME，ITLY（ROM）to ADDISABABA，ETHIOPIA（ADD）

Commodity：　LIVE MONKEY

Gross Weight：　30.0kg

Dimensions：　1kenel　90×60×80cm

计算该票货物的航空运费。

公布运价如下：

ROME	IT		ROM
EURO	EUR		KG
ADDISABABA	ET	M	50.00
		N	4.41
		100	2.95
		300	2.30
		500	2.04

解：

查活体动物运价表，罗马运往亚的斯亚贝巴属于在二区内运输，其运价构成是："175% of Normal GCR"。

体积：　90×60×80=432 000cm^3

体积重量：　432 000/6 000=72.0kg

毛重：　30.0kg

计费重量：　72.0kg

适用的运价：　175% of Normal GCR

175%×4.41=7.717 5EUR/kg→7.72 EUR/kg

航空运费：　7.72×72.0=EUR555.84

填写航空货运单运费计算栏：

No.of Pieces RCP	Gross Weight	kg / lb	Rate Class	Commodity Item No.	Chargeable Weight	Rate/ Charge	Total	Nature and Quantity of Goods (Incl. Dimensions of Volume)
1	30.0	K	S	N175	72.0	7.72	555.84	LIVE ANIMALS DIMS：90×60×80cm
1	30						555.84	

实例二：

Routing： PARIS，FRANCE（PAR） to GUANG ZHOU，CHINA（CAN）

Commodity： DAY OLD CHICKS

Gross Weight： 70kg

Dimensions： 20boxes 20×50×18cm（each）

计算该票货物的航空运费。

公布运价如下：

PARIS	FR		PAR
FR. FRANCE	FRF		KG
GUANG ZHOU	CN	M	85.00
		N	21.67
		100	15.33
		300	14.00

解：

查活体动物运价表，巴黎运往广州属于自二区运往三区，属于出生不到 72 小时的幼禽，其运价构成是：“Normal GCR”。

体积： $20\times50\times18\times20=360\ 000\text{cm}^3$

体积重量： 360 000/6 000=60.0kg

毛重： 70.0kg

计费重量： 70.0kg

适用的运价： Normal GCR

21.67EUR/kg

航空运费： 21.67×70.0=EUR1 516.90

填写航空货运单运费计算栏：

No.of Pieces RCP	Gross Weight	kg lb		Rate Class / Commodity Item No.	Chargeable Weight	Rate/ Charge	Total	Nature and Quantity of Goods (Incl. Dimensions of Volume)
20	70.0	K	S	N	70.0	21.67	1 516.90	DAY OLD CHICKS DIMS：20×50×18cm×20
20	70.0						1 516.90	

（二）贵重货物运价

1. 运价

All IATA areas：200% of the Normal GCR（例外略）。

2. 最低运费

200%M 并且不低于 50USD 或其等值货币。

3. 实例分析

实例一：

Routing： BEIJING，CHINA（BJS） to TOKYO，JAPAN（TYO）

Commodity： PEARL

Gross Weight： 23.4kg

Dimensions： 1box 50×40×30cm

计算该票货物的航空运费。

公布运价如下：

BEIJING	CN	BJS	
Y. RENMINBI	CNY	KG	
TOKYO	JP	M	230.00
		N	37.51
		45	28.13

解：

体积： 50×40×30=60 000cm^3

体积重量： 60 000/6 000=10.0kg

毛重： 23.4kg→23.5kg

计费重量： 23.5kg

适用的运价： 200% of Normal GCR

37.51×200%=75.02CNY/kg

航空运费： 75.02×23.5=CNY1 762.97

填写航空货运单运费计算栏：

No.of Pieces RCP	Gross Weight	kg lb	Rate Class	Commodity Item No.	Chargeable Weight	Rate/ Charge	Total	Nature and Quantity of Goods (Incl. Dimensions of Volume)
1	23.4	K	S	N200	23.5	75.02	1 762.97	PEARL DIMS：50×40×30cm VAL！
1	23.4						1 762.97	

实例二：

Routing： ROME，ITLY（ROM） to MONTREAL，CANADA（YMQ）

Commodity： WATCH

Gross Weight： 7.5kg

Dimensions： 1box 10×10×30cm

R. O. E. USD1.00=EUR0.8

计算该票货物的航空运费。

公布运价如下：

ROME	IT	ROM	
EURO	EUR	KG	
MONTREAL	CA	M	67.14
		N	4.31
		100	2.57
		300	2.12
		500	1.85

解：

体积：　$10\times10\times30=3\ 000\text{cm}^3$

体积重量：　3 000/6 000=0.5kg

毛重：　7.5kg

计费重量：　7.5kg

适用的运价：　200% of Normal GCR

$4.31\times200\%=8.62$EUR/kg

航空运费：　$8.62\times7.5=$EUR64.65

最低运费：　200%M$=200\%\times67.14=$EUR134.28

50USD$=50\times0.8=$EUR40.00

$8.62<40.00<134.28$

结论：运费应取最低运费 EUR134.28。

填写航空货运单运费计算栏：

No.of Pieces RCP	Gross Weight	kg lb	Rate Class	Commodity Item No.	Chargeable Weight	Rate/Charge	Total	Nature and Quantity of Goods (Incl. Dimensions of Volume)
1	7.5	K	S	M200	7.5	134.28	134.28	WATCH DIMS：10×10×30cm VAL！
1	7.5						134.28	

（三）报纸、杂志等运价

1. 运价

货物的重量为 5kg 或以上时，中国至世界各地，均按适用的普通货物 45kg 以下运价的 50%收费。

运价代号为 R。

2. 数量优惠运价

如果按普通货物运价计得的运费，低于上述规定计得的运费时，可以使用此种较低的运价。

3. 最低运费

按公布的最低运费 M 收取。

（四）作为货物运送的行李运价

1. 适用范围

二区以内（除整个运输在欧洲）；三区以内（除自美国领地）；二区至三区之间（除至/自美国领地）；一区至二区之间（除至/自美国、美国领地和除至/自格陵兰岛）；从三区至一区。

2. 运价

均按适用的普通货物 45kg 以下运价的 50%收费（例外略）。

3. 数量优惠运价

如果按普通货物运价计得的运费，低于上述规定计得的运费，可以使用此种较低的运价。

4. 最低运费

按公布的最低运费 M 收取。

（五）尸体、骨灰运价

尸体、骨灰运价和最低运费如表 12-16 所示。

表 12-16　　尸体、骨灰运价和最低运费表

类型	运价		最低运费	
	所有地区（除了在二区内运输）	在二区内运输	所有地区（除了在二区内运输）	在二区内运输
尸体	45kg 以下运价（N）	45kg 以下运价的 200%	M 但不低于 65 美元或等值货币	200%M 但不低于 65 美元或等值货币
骨灰	适用的普通货物运价	45kg 以下运价的 300%	M 但不低于 65 美元或等值货币	200%M 但不低于 65 美元或等值货币

运价代号为 S。

学生练习

某公司要从北京运输表 12-17 中所列的货物到日本东京，你作为货运代理的销售人员需要给这几件货物报价。

表 12-17

序号	货物品名	总毛重	每件尺寸	件数
1	刚出生 1 周的鸡雏 CHICK	15.1kg	20×30×30cm	5
2	金表 GOLD WATCH	38.4kg	45×30×60cm	1
3	去年的《中国日报》 NEWSPAPER	152.0kg	10×15×20cm	10

1. 三种货物能否作为一票货物运输？请将理由写在下面的横线上。

____

____

2. 查询北京至东京的运价表。

BEIJING	CN		BJS
Y. RENMINBI	CNY		KG
……			
TOKYO	JP	M	132.00
		N	10.00
		45	7.50
		100	5.40
		300	3.80
		500	2.90

3. 计算出三种货物的航空运费。

货物一：刚出生 1 周的鸡雏 CHICK

填写航空货运单运费计算栏：

No.of Pieces RCP	Gross Weight	kg lb	Rate Class	Commodity Item No.	Chargeable Weight	Rate/ Charge	Total	Nature and Quantity of Goods (Incl. Dimensions of Volume)

货物二：金表 GOLD WATCH

填写航空货运单运费计算栏：

No.of Pieces RCP	Gross Weight	kg lb	Rate Class Commodity Item No.	Chargeable Weight	Rate/ Charge	Total	Nature and Quantity of Goods (Incl. Dimensions of Volume)

货物三：去年的《中国日报》NEWSPAPER

填写航空货运单运费计算栏：

No.of Pieces RCP	Gross Weight	kg lb	Rate Class Commodity Item No.	Chargeable Weight	Rate/ Charge	Total	Nature and Quantity of Goods (Incl. Dimensions of Volume)

任务实施

根据所选货物的信息完成下列任务。

1. 查询运价手册，找到该航线的运价表。

______	____		____
______	____		____
______	____	M	____
		N	____
		____	____
		____	____
……			

（1）始发地城市：______________________________

（2）目的地城市：______________________________

（3）货币代码：______________________________

2. 计算待运货物所需要的航空运费。

（1）体积：______________________________

（2）体积重量：________________

（3）毛重：________________

（4）计费重量：________________

（5）适用的运价：________________

GCR ________________

SCR ________________

CR ________________

（6）航空运费：________________

（7）采用较高重量分界点的较低运价计算：

1）计费重量：________________

2）适用运价：________________

3）航空运费：________________

（8）与最低运费 M 相比较：________________

（9）结论：此票货物的航空运费为________________

填写航空货运单运费计算栏：

No.of Pieces RCP	Gross Weight	kg / lb	Rate Class / Commodity Item No.	Chargeable Weight	Rate/ Charge	Total	Nature and Quantity of Goods (Incl. Dimensions of Volume)

任务评价

将对“任务实施”的评价结果填入表 12－18 中。

表 12－18

评价内容		组内评价	组间评价	教师评价
运价表	查找是否准确			
运费计算	体积重量			
	计费重量			
	GCR、SCR、CR			
	较高重量分界点比较			
	最低运费比较			
运价	填写是否准确			
小组合作				
综合评价		☆☆☆☆☆☆	☆☆☆☆☆☆	☆☆☆☆☆☆

知识拓展

班机运输与包机运输

班机运输是指具有固定开航时间、航线和停靠航站的飞机运输。通常为客货混合型飞机，货舱容量较小，运价较贵，但由于航期固定，有利于客户安排鲜活商品或急需商品的运送。

包机运输是相对于班机运输而言的，是指不定期开航的、不定航线、不定始发站、不定目的港、不定途经站的飞机运输。包机运输方式可分为整包机和部分包机两类：整包机即包租整架飞机，指航空公司按照与租机人事先约定的条件及费用，将整架飞机租给包机人，从一个或几个航空港装运货物至目的地；部分包机是指由几家航空货运公司或发货人联合包租一架飞机或者由航空公司把一架飞机的舱位分别租给几家航空货运公司装载货物。部分包机常用于托运不足一架整飞机舱位但货量又较重的货物运输。

子任务4　混合运输

学习目标

1. 了解混运货物的规定
2. 掌握混运货物运费的规定

学习任务

任务内容： 为了充分利用资源，现要求每个小组从“典型业务场景一”的货物中选择一票货物由北京运往德国法兰克福，并计算此票混运的运费。

必备知识

一、混运货物的定义

混运货物是指在使用同一份货运单运输的货物中，包含不同运价、不同运输条件的货物。

二、混运货物中不得包括的物品

（1）贵重物品。

（2）活体动物。
（3）尸体、骨灰。
（4）外交信袋。
（5）作为货物运送的行李。
（6）机动车辆（电力自行车除外）。

三、混运货物运费的计算

（1）若托运人只声明一票货物的总毛重，按普通货物运价计算。

（2）若托运人声明一票货物内含有不同种类货物，并按货物品名公开填写件数、体积或重量，货物的费用应按不同的运价、不同的计费重量分别计算，然后相加；若所有的货物装在一个大包装内时，外包装的运费应按内包装货物中运价高的计算，然后加到上面的运费中。

四、声明价值费

声明价值时有可能只对其中一种货物声明价值，但声明价值费要按整票货物办理。

五、最低运费

按整票货物计收。

六、实例分析

例：一票货物由北京运往伦敦，该票货物中包括：

A. Pipe Fitting（4702）	3pcs	125kg	50×40×40cm（each）
B. Sweater	5pcs	80kg	80×50×50cm（each）

A 和 B 放在同一个外包装内（container），外包装的重量为 10kg。
试计算该票货物的航空运费，公布直达运价如下：

BEIJING	CN		BJS
Y. RENMINBI	CNY		KG
LONDON		M	210.00
		N	40.93
		45	30.68
		100	28.61
	0006	500	11.67
	4402	250	14.23
	4702	250	14.23

解：

体积重量：　50×40×40×3/6 000=40.0kg
毛重：　125.0kg
计费重量：　125.0kg
Pipe Fitting 符合指定商品代码 4702

SCR：　　14.23×250=CNY3 557.50

GCR：　　28.61×125.0=CNY3 576.25

因为 3 557.50<3 576.25

所以，货物 A 的运费为 CNY3 557.50

体积重量：　80×50×50×5/6 000=166.7=167.0kg

毛重：　　80.0kg

计费重量：　167.0kg

GCR：　　28.61×167.0=CNY4 777.87

包装运费：　28.61×10.0=CNY286.10

航空总运费：3 557.50+4 777.87+286.10=CNY8 621.47

填写航空货运单运费计算栏：

No.of Pieces RCP	Gross Weight	kg lb	Rate Class	Commodity Item No.	Chargeable Weight	Rate/Charge	Total	Nature and Quantity of Goods (Incl. Dimensions of Volume)
3	125.0	K	C	4702	250.0	14.23	3 557.50	Pipe fitting DIMS: 50×40×40cm×3
5	80.0	K	Q		167.0	28.61	4 777.87	SWEATER DIMS: 80×50×50cm×5
	10.0	K	Q		10.0	28.61	2 86.10	Container
8	215						8 621.47	

学生练习

一票货物由东京运往新德里，该票货物中包括：

A. Medicines　　2pcs　　110kg　　60×40×45cm（each）

B. Handicrafts　　2pcs　　30kg　　76×52×41cm（each）

C. Books　　1pcs　　10kg　　40×30×30cm（each）

A、B、C 放在同一个外包装内（container），外包装的重量为 10kg。

试计算该票货物的航空运费，公布直达运价如下：

（M：11 500.00　N：1 610.00　45：1 370.00　100：1 200.00　6001　100：1 310.00）

填写航空货运单运费计算栏：

No.of Pieces RCP	Gross Weight	kg lb	Rate Class	Commodity Item No.	Chargeable Weight	Rate/Charge	Total	Nature and Quantity of Goods (Incl. Dimensions of Volume)

任务实施

根据所选货物的信息完成下列任务。

1. 在表 12 - 19 中填写本组货物的明细。

表 12 - 19

类别	品名	毛重	件数	尺寸
货物 A				
货物 B				
货物 C				

2. 判断上述货物能否混合运输。
3. 查询北京至法兰克福的运价。
4. 在框内计算本组混运货物运费，并在下面填写运费计算栏。

填写航空货运单运费计算栏：

No.of Pieces RCP	Gross Weight	kg lb	Rate Class Commodity Item No.	Chargeable Weight	Rate/ Charge	Total	Nature and Quantity of Goods (Incl. Dimensions of Volume)

任务评价

将对“任务实施”的评价结果填入表 12 - 20 中。

表 12 - 20

评价内容	组内评价	组间评价	教师评价
判断能否混运是否正确			
货物 A 的运费结果			
货物 B 的运费结果			
货物 C 的运费结果			
总运费结果			
运费计算栏的填写			
小组合作			
综合评价	☆☆☆☆☆☆	☆☆☆☆☆☆	☆☆☆☆☆☆

知识拓展

空运订舱知识

订舱就是和航空公司预订一个舱位，并且在飞机起飞前一天和航空公司确认舱位，一般和航空公司确认好的舱位都是有保障的。

订了舱位，货物走不了要知道是由于什么原因走不了。如果你只订了舱位没确认舱位那就是你的问题了，不确认的话航空公司不可能保留舱位。

如果你和航空公司确认了舱位货物却没发走可能有以下几种原因：

1. 飞机故障或者其他原因导致航班取消（这时可以让航空公司出具证明）。

2. 飞机改机型，导致总舱位变更（也可以让航空公司出证明）。

3. 行李增加超过预算（一般不太可能发生，航空公司可证明）。

4. 交接货物时间过了最晚交接时间（这时自己应想办法和客户解释）。

5. 客户的货来晚了，来不及交接（责任在客户，但是需要尽快安排航班出运，这样客户才会满意）。

任务五　计算其他费用

学习目标

1. 了解运输货物时除了航空运费之外的费用类别和代号
2. 掌握声明价值附加费的计算方法

学习任务

任务内容：列举出小组在任务实施时所选择的货物在空运时所需要交纳的其他费用。

必备知识

在国际运输中，除了航空费用以外，还有货物声明价值附加费、燃油附加费、货运单费、运费到付手续费、危险品处理费等。

一、其他费用的代号

如：AW——货运单费；
FC——运费到付手续费；
GT——政府捐税；
IN——代办保险服务费；
PK——包装服务费；
SU——地面运输费；
TR——过境费。

二、货物声明价值附加费

（1）《华沙公约》规定，航空公司对货物的丢失或延误的最高赔偿额是每千克20.00美元。

（2）当每千克毛重的价值超过20.00美元或其等值货币时，可以办理声明价值，并支付声明价值附加费。

（3）每份国际货运单声明价值不得超过10万美元或其等值货币。

三、燃油附加费

燃油附加费是航运公司收取的反映燃料价格变化的附加费。该费用以每运输、吨多少金额或者以运费的百分比来表示。

四、货运单费

根据国际惯例，每份国际货运单收取人民币50元。

五、运费到付手续费

至中国的运费到付手续费=(货物的航空运费+声明价值附加费)×5%，并且不低于100元人民币。

六、危险品处理费

每票货物的最低收费标准均为人民币650元。

学生练习

任务四中的混运货物在运输前，托运人向承运人声明价值10万美元，并要求运费到付，试计算该货物的声明价值附加费和运费到付手续费。

任务实施

根据所选货物的信息完成下列任务。

在表 12－21 中列出本票货物所需缴纳的其他费用（以个人的货物计算）。

表 12－21

序号	所需交纳的其他费用	费用的代号	费用数额	备注
1				
2				
3				

任务评价

将对“任务实施”的评价结果填入表 12－22 中。

表 12－22

评价内容	组内评价	组间评价	教师评价
判断所列其他费用项目是否合理			
费用 1 的结果是否正确			
费用 2 的结果是否正确			
费用 3 的结果是否正确			
综合评价	☆☆☆☆☆☆	☆☆☆☆☆☆	☆☆☆☆☆☆

知识拓展

航空运输保险

航空运输保险分为航空运输险和航空运输一切险两种。被保险货物遭受损失时，航空运输保险按保险单上订明承保险别的条款负赔偿责任。航空运输保险的索赔时效，从被保险货物卸离飞机后开始计算，最多不超过两年。

一、航空运输险

航空运输保险负责赔偿：

1. 被保险货物在运输途中遭受雷电、火灾、爆炸或由于飞机遭受恶劣气候或其他危难事故而被抛弃，或由于飞机遭碰撞、倾覆、坠落或失踪等意外事故所造成的全部或部分损失。

2. 被保险人对遭受危险的承保责任内的货物采取抢救（防止或减少货损）措施而支付的合理费用，但以不超过该批被救货物的保险金额为限。

二、航空运输一切险

除包括上列航空运输险责任外，航空运输保险还负责被保险货物由于外来原因所致的全部或部分损失。

航空运输保险对下列损失不负赔偿责任：

1. 被保险人的故意或过失行为所造成的损失。

2. 属于发货人责任所引起的损失。

3. 保险责任开始前，被保险货物由于已存在品质不良或数量短差等情况所造成的损失。

4. 被保险货物由于自然损耗、本质缺陷、自身特性以及市价跌落、运输延迟所引起的损失。

5. 保险公司航空运输货物战争险条款和货物及罢工险条款规定的责任范围和除外责任。

任务六　填写航空货运单

学习目标

1. 了解航空货运单的定义、种类

2. 掌握航空货运单的作用，了解航空货运单的一般规定

3. 掌握航空货运单的填写方法

学习任务

任务内容：根据模块一中填写的托运书和收运后的相关信息填写航空货运单。

必备知识

一、航空货运单的定义

航空货运单是托运人和承运人之间订立的运输合同，同时也是货物运输的凭证。

二、航空货运单的种类

（1）航空公司的货运单：印有航空公司的图标。

（2）中性货运单：没有任何标记。

三、航空货运单的一般规定

（1）航空货运单不得转让。

（2）每一批货物（或集合运输的货物——集中托运货物）填开一份货运单，对于集中托运货物的，分运单应由集运人自行备制，不得使用承运人的货运单。

（3）货运单的有效期。货运单填开后，托运人或其代理人签字后即开始生效；货

物运至目的地，收货人提取货物并在货运单的交付联上签字，此时货运单作为运输凭证，其有效期宣告结束，但作为运输合同，其法律有效期为运输停止之日起两年内有效。

四、航空货运单的作用

（1）承运人与托运人之间缔结的运输契约。

（2）接收货物的证明文件。

（3）支付运费的结算凭证。

（4）保险凭证。

（5）办理海关手续必备的文件。

（6）承运人发运、交付和联运的凭证。

五、航空货运单的组成及各联的用途

国际航空货运单一般一式十二联，包括三联正本、六联副本、三联额外副本。各联名称及用途如表 12-23 所示。

表 12-23　　航空货运单各联名称及用途

顺序	名称	颜色	用途
1	Orginal 3　正本 3	蓝	交托运人
2	Orginal 1　正本 1	绿	交财务部门
3	Copy 9　副本 9	白	交代理人
4	Orginal 2　正本 2	粉红	交收货人
5	Copy 4　副本 4	黄	交货收据（提货人签字后航空公司留存）
6	Copy 5　副本 5	白	交目的站机场
7	Copy 6　副本 6	白	交第三承运人
8	Copy 7　副本 7	白	交第二承运人
9	Copy 8　副本 8	白	交第一承运人
10	Extra Copy　额外副本	白	供承运人使用（分批运输时使用）
11	Extra Copy　额外副本	白	供承运人使用（分批运输时使用）
12	Extra Copy　额外副本	白	供承运人使用（分批运输时使用）

六、航空货运单的填写说明

航空货运单样本示例如表 12-24 所示。

（1）货运单号码。货运单号码是货运单不可缺少的重要组成部分，在货运单的左上角、右上角和右下角分别标有货运单号码。通过此号码，即可以确定货运单的所有人——出票航空公司，它是托运人或其代理人向承运人询问货物运输情况及承运人在货物运输各个环节中组织运输时的重要信息来源和依据。

表 12－24 航空货运单

1A (1) 1B **INTERNATIONAL AIR WAYBILL** 1A 1B

Shipper's Name and Address (2)	Shipper's Account Number (3)	Not Negotiable Air Waybill Issued by (10) Copies 1,2 and 3 of this Air Waybill are originals and have the same validity (11)
Consignee's Name and Address (4)	Consighnee's Account Number (5)	It is agree that the goods described herein are accepted in apparent giid order and condition (except as noted) for carriage SUBJECT TO THE CONDITIONS OF CONTRACT ON THE REVERSE HEREOF.ALL GOODS MAY BE CARRIED BY ANY OTHER MEANS INCLUDING ROAD OR ANY OTHER CARRIER UNLESS SPECIFIC CONTRARY INSTRUCTIONS ARE GIVEN HEREON BY THE SHIPPER, AND SHIPPER AGREES THAT THE CARRIER DEEMS APPROPRIATE. THE SHIPPER'S ATTENTION IS DRAWN TO THE NOTICE CONCERNING CARRIER'S LIMITATION OF LIABILITY. Shipper may increase such limitation of liability by declaring a higher value for carriage and paying a supplemental charge if required. (12)
Issuing Carrier's Agent Name and City (6)		Accounting Information (13)
Agents IATA Code (7)	Account No. (8)	
Airport of Departure(Addr.of First Carrier)and Requested Routing (9)		

To	By first Carrier / Routing and Destination	To	By	To	By	Currency	CHGS Code	WT/VAL PPD	WT/VAL COLL	Other PPD	Other COLL	Declared Value for Carriage	Declared Value for Customs
14A	14B	14C	14D	14E	14F	(15)	(16)	17A	17B	18A	18B	(19)	(20)

Airport of Destination	Flight/Date (For Carrier Use Only)	Flight/Date	Amount of Insurance	INSURANCE-If carrier Offers insurance,and such insurance is requested in accordance with the conditions thereal. Indicate amount to be insured in figures in box marked"Amount of Insurance"
(21)	22A	22B	(23)	

Handling Information (24) 24A

No.of Pieces RCP	Gross Weight	kg lb	Rate Class / Commodity Item No.	Chargeable Weight	Rate/Charge	Total	Nature and Quantity of Goods (Incl. Dimensions of Volume)
25A	25B	25C	25E 25D	25F	25G	25H	25I
25J	25K					25L	

Prepaid	Weight Charge	Collect	Other Charges
27A		27B	(26)
Valuation Charge			
28A		28B	
Tax			
29A		29B	
Total Other Charges Due Agent			Shipper cerlifies that particulars on the face herof are correct and that insofar as any part of the consighment contains dangerous goods,such part is properly by name and is in proper condition for carriage by air according to the applicable Dangerous Goods Regulations.
30A		30B	
Total Other Charges Due Carrier			
31A		31B	
32A		32B	(35) Signature of Shipper or his Agent
Total Prepaid		Total Collect	
33A		33B	
Currency Conversion Rates		CC Charges in Dest. Currency	36A 36B 36C Executed on(date) at (place) signature of issuing Carrier or Its Agent
34A		34B	
For Carrier's Use Only at Destination (34)		Charges at Destination 34C	Total Collect Charges 34D

1A 1B

ORIGINAL 3 (FOR SHIPPER)

货运单号码的组成：×××—××××××× ×，如：999-1234567 5。

航空公司三位数字代码，如：国航：999；东航：581；南航：784；海航：880	货运单的顺序号：7位数字	货运单的检验号：货运单的顺序号除以7的余数

1A——航空公司的 IATA 数字代码。

1B——货运单序号及检验号码。

1C——始发站机场的 IATA 三字代码。

（2）托运人姓名和地址栏（Shipper's Name and Address）：填写托运人的姓名、详细地址、国家以及托运人的电话和传真号码。

（3）托运人账号栏（Shipper's Account Number）：一般不需填写。

（4）收货人姓名和地址栏（Consignee's Name and Address）：填写收货人的姓名、详细地址、国家以及收货人的电话和传真号码。

（5）收货人账号栏（Consignee's Account Number）：一般不需填写。

（6）出票航空公司货运代理人名称和城市栏（Issuing Carrier's Agent Name and City）：填写向出票航空公司收取佣金的国际航协代理人的名称和所在机场或城市。

（7）航空公司代理人的 IATA 三字代码（Agents IATA Code）：航空公司为了便于内部管理、结算等，要求代理人填写其 IATA 三字代码。

（8）航空公司代理人账号栏（Account No.）：一般不需要填写。

（9）始发站机场和要求的运输路线栏（Airport of Departure and Requested Routing）：填写运输始发站机场或所在城市的全称以及要求的运输路线。

（10）货运单所属航空公司名称及总部所在地址栏（Issuing Carrier's Name and Address）：此处一般印有航空公司的标志、名称和地址。

（11）正本联说明（Reference to Originals）：说明正本 1、2、3 具有相同的法律效力。本栏不需填写。

（12）契约条件（Reference to Conditions of Contract）：本栏用于填写其他相关的契约，一般情况下不填写。

（13）相关财务信息栏（Accounting Information）：填写有关财务说明事项，如付款方式：现金、支票或其他方式。

（14）运输路线和目的站栏（Routing and Destination）：

14A——第一承运人运达站栏：填写目的地机场或第一中转机场的三字代码。

14B——第一承运人栏：填写自始发站承运货物的承运人的二字代码。

14C——第二承运人运达站栏：填写目的地机场或第二中转机场的三字代码。

14D——第二承运人栏：填写第二承运人的二字代码。

14E——第三承运人运达站栏：填写目的地机场或第三中转机场的三字代码。

14F——第二承运人栏：填写第三承运人的二字代码。

（15）货币栏（Currency）：填写运输始发地货币代号（ISO的货币代号）。

（16）运费代号栏（CHGS Code）：本栏仅供承运人使用，主要填写电子传送货运单信息时必须填写的内容。一般不填写。

（17）货物航空运费、声明价值附加费付款方式栏（WT/VAL）：

17A——预付（PPD）：在货运单上用“PP”或“X”表示。

17B——到付（COLL）：在货运单上用“CC”或“X”表示。

（18）其他费用付款方式（Other）：

18A——预付（PPD）：在货运单上用“PP”或“X”表示。

18B——到付（COLL）：在货运单上用“CC”或“X”表示。

（19）运输声明价值栏（Declared Value for Carriage）：填写托运人关于货物运输声明价值的金额。若没有运输声明价值，此栏必须填写“NVD”字样。

（20）供海关用声明价值栏（Declared Value for Customs）：填写货物过海关时海关需要的货物商业价值金额，若货物没有商业价值或海关不要求声明，此栏必须填写“NCV”字样。

（21）目的站机场栏（Airport of Destination）：填写最后承运人的目的地机场全称。

（22）航班/日期栏（Flight/Date）：仅供承运人使用。

22A——承运人在收运货物时将预定航班或视需要将续运航班填入本栏。

22B——填入托运人或其代理人申请预定的航班、日期。

（23）保险金额栏（Amount of Insurance）：若承运人向托运人提供代办货物保险业务时，此栏打印托运人货物投保的金额；若承运人不提供此项服务或托运人不要求投保时，此栏必须打印“×××”符号。

（24）运输处理注意事项栏（Handling Information）：填写货物在运输过程中需要注意的有关事宜。如：DANGEROUS GOODS AS PER ATTACHED SHIPPER's DECLARATION CARGO AIRCRAFT ONLY。

24A——特殊的海关信息栏（SCI）。

（25）货物运价及细目栏（Consignment Rating Details）：一票货物中如含有两种或两种以上不同运价类别计费的货物应分别填写，每填写一项另起一行，如果含有危险品，则该危险货物应列在第一项。

25A——货物件数/运价组合点栏（No. of Pieces RCP）：填写货物的件数。

25B——毛重栏（Gross Weight）：填入货物实际毛重（以kg为单位时可保留小数点后一位）。

25C——重量单位（kg/lb）：以kg为单位用代号“K”；以lb为单位用代号“L”。

25D——运价等级栏（Rate Class）。

M——最低运费。

N——45 千克/100 磅以下的普通货物运价。

Q——45 千克/100 磅以上的普通货物运价。

C——指定商品运价。

R——等级附减运价。

S——等级附加运价。

U——集装设备的最低重量适用的最低运费。

E——超过集装设备最低重量适用的运价。

25E——商品品名编号栏（Commodity Item No.）。

25F——计费重量栏（Chargeable Weight）：填入计算货物运费适用的计费重量。

25G——运价/运费栏（Rate/Charge）：当使用最低运费时，此栏的运价代号栏为“M”，应打印最低运费；当运价代号栏为“N”“Q”“C”时，此栏填入相应的运价；当货物为等级货物时，此栏运价代号为“S”“R”，应打印附加或附减后的运价。

25H——总计栏（Total）：填入计费重量与使用运价相乘后的运费金额；如果航空运费为最低运费或集装货物基本运费时，本栏与 25G 栏的金额相同。

25I——货物品名和数量栏（Nature and Quantity of Goods）：本栏填制要求包括以下几项：

1）打印货物的品名（用英文大写字母）。

2）当一票货物中含有危险货物时，应分列打印，并且危险货物应列第一项。

3）当运输活体动物时，本栏内容应根据 IATA 活体动物运输规定打印。

4）对于集合货物，本栏应打印“Consolidation as Per Attached List”。

5）打印货物的体积，用长×宽×高表示。如 DIMS：40×20×30cm。

25J、25K、25L 分别为货物总件数、总毛重、总运费。

（26）其他费用栏（Other Charges）：除航空运费和声明价值附加费以外的其他费用。此栏中任一费用均需用三个字母表示：前两个字母表示费用种类；第三个字母表示费用归属，C：承运人收取的其他费用，A：代理收取的其他费用。如：“AWC”表示出票航空公司收取的货运单工本费，“AWA”表示代理人收取的货运单工本费。

（27）航空运费栏（Weight Charge）：填写航空运费计算栏 25L 栏计算所得的航空运费总数。

27A——航空运费预付（Prepaid）。

27B——航空运费到付（Collect）。

（28）声明价值费栏（Valuation Charge）：当托运人声明货物运输声明价值时，此栏填写声明价值附加费金额。该费用必须与航空运费同步付款：同时预付或同时到付。

28A——声明价值附加费预付。

28B——声明价值附加费到付。

（29）税款金额（Tax）：若需要时应填写政府或官方当局要求征收的税款。税款应全部预付或全部到付，税收细节不需填写。

（30）由代理人收取的其他费用总额（Total Other Charges Due Agent）：填写由代

理人收取的其他费用总额。

30A——预付。

30B——到付。

(31) 由出票航空公司收取的其他费用总额 (Total Other Charges Due Carrier): 填写由出票航空公司收取的其他费用总额。

31A——预付。

31B——到付。

(32) 未命名栏：不需填写。

(33) 预付和到付费用总额：

33A——预付款项之和 (Total Prepaid), 27A、28A、29A、30A、31A 等栏金额之和。

33B——到付款项之和 (Total Collect), 27B、28B、29B、30B、31B 等栏金额之和。

(34) 仅供有关承运人、目的地机场等在目的地使用 (For Carrier's Use Only at Destination): 收货人用目的地国家货币付款。

34A——货币兑换比价栏 (Currency Conversion Rates): 填入将运输始发地货币换算成目的地货币的比价 (银行卖出价)。

34B——用目的地国家货币表示的付费金额栏 (CC Charges in Destination Currency)。

34C——目的站费用栏 (Charges at Destination): 最后一个承运人将目的站发生的费用金额填写在本栏。

34D——到付费用总额栏 (Total Collect Charges)。

(35) 托运人证明栏：填写托运人名称，并由托运人或其代理人在本栏内签字或盖章。

(36) 承运人填写栏：

36A——填写填开货运单的日期，日期采用日、月、年的顺序。

36B——填写填开货运单的地点，即所在机场或城市的全称或缩写。

36C——要求填开货运单的承运人或代理人在本栏内签字。

学生练习

根据模块十一任务一的学生练习题中的货物托运书填写航空货运单 (见表 12-25)。

任务实施

根据所选货物的信息完成下列任务。

根据货物托运书和相关信息填写航空货运单 (见表 12-26)。

表 12－25　　航空货运单

Shipper's Name and Address

Shipper's Account Number

Not Negotiable

Air Waybill

Issued by

Copies 1,2 and 3 of this Air Waybill are originals and have the same validity

Consignee's Name and Address

Consighnee's Account Number

It is agree that the goods described herein are accepted in apparent giid order and condition (except as noted) for carriage SUBJECT TO THE CONDITIONS OF CONTRACT ON THE REVERSE HEREOF.ALL GOODS MAY BE CARRIED BY ANY OTHER MEANS INCLUDING ROAD OR ANY OTHER CARRIER UNLESS SPECIFIC CONTRARY INSTRUCTIONS ARE GIVEN HEREON BY THE SHIPPER, AND SHIPPER AGREES THAT THE CARRIER DEEMS APPROPRIATE. THE SHIPPER'S ATTENTION IS DRAWN TO THE NOTICE CONCERNING CARRIER'S LIMITATION OF LIABILITY. Shipper may increase such limitation of liability by declaring a higher value for carriage and paying a suppliemental charge if required.

Issuing Carrier's Agent Name and City

Accounting Information

Agents IATA Code

Account No.

Airport of Departure(Addr.of First Carrier)and Requested Routing

To	By first Carrier	Routing and Destination	To	By	To	By	Currency	CHGS Code	WT/VAL PPD	WT/VAL COLL	Other PPD	Other COLL	Declared Value for Carriage	Declared Value for Customs

Airport of Destination

Flight/Date

For Carrier Use Only

Flight/Date

Amount of Insurance

INSURANCE-If carrier Offers insurance,and such insurance is requested in accordance with the conditions thereal. Indicate amount to be insured in figures in box marked"Amount of Insurance"

Handling Information

No.of Pieces RCP	Gross Weight	kg lb	Rate Class	Commodity Item No.	Chargeable Weight	Rate/Charge	Total	Nature and Quantity of Goods (Incl. Dimensions of Volume)

Prepaid

Weight Charge

Collect

Other Charges

Valuation Charge

Tax

Total Other Charges Due Agent

Shipper cerlifies that particulars on the face herof are correct and that insofar as any part of the consignment contains dangerous goods,such part is properly by name and is in proper condition for carriage by air according to the applicable Dangerous Goods Regulations.

Total Other Charges Due Carrier

Signature of Shipper or his Agent

Total Prepaid

Total Collect

Currency Conversion Rates

CC Charges in Dest Currency

Executed on(date)　　at (place)　　signature of issuing Carrier or Its Agent

For Carrier's Use Only at Destination

Charges at Destination

Total Collect Charges

ORIGINAL 3 (FOR SHIPPER)

注：此表供练习使用。

表 12－26　　航空货运单

Shipper's Name and Address	Shipper's Account Number	Not Negotiable **Air Waybill** Issued by
		Copies 1,2 and 3 of this Air Waybill are originals and have the same validity
Consignee's Name and Address	Consighnee's Account Number	It is agree that the goods described herein are accepted in apparent giid order and condition (except as noted) for carriage SUBJECT TO THE CONDITIONS OF CONTRACT ON THE REVERSE HEREOF.ALL GOODS MAY BE CARRIED BY ANY OTHER MEANS INCLUDING ROAD OR ANY OTHER CARRIER UNLESS SPECIFIC CONTRARY INSTRUCTIONS ARE GIVEN HEREON BY THE SHIPPER, AND SHIPPER AGREES THAT THE CARRIER DEEMS APPROPRIATE. THE SHIPPER'S ATTENTION IS DRAWN TO THE NOTICE CONCERNING CARRIER'S LIMITATION OF LIABILITY. Shipper may increase such limitation of liability by declaring a higher value for carriage and paying a suppliemental charge if required.
Issuing Carrier's Agent Name and City		Accounting Information
Agents IATA Code	Account No.	
Airport of Departure(Addr.of First Carrier)and Requested Routing		

To	By first Carrier	Routing and Destination	To	By	To	By	Currency	CHGS Code	WT/VAL PPD	WT/VAL COLL	Other PPD	Other COLL	Declared Value for Carriage	Declared Value for Customs

Airport of Destination	Flight/Date	For Carrier Use Only	Flight/Date	Amount of Insurance	INSURANCE-If carrier Offers insurance,and such insurance is requested in accordance with the conditions thereal. Indicate amount to be insured in figures in box marked"Amount of Insurance"

Handling Information

No.of Pieces RCP	Gross Weight	kg lb	Rate Class Commodity Item No.	Chargeable Weight	Rate/Charge	Total	Nature and Quantity of Goods (Incl. Dimensions of Volume)

Prepaid	Weight Charge	Collect	Other Charges
	Valuation Charge		
	Tax		
	Total Other Charges Due Agent		Shipper cerlifies that particulars on the face herof are correct and that insofar as any part of the consignment contains dangerous goods,such part is properly by name and is in proper condition for carriage by air according to the applicable Dangerous Goods Regulations.
	Total Other Charges Due Carrier		
			Signature of Shipper or his Agent
Total Prepaid		Total Collect	
Currency Conversion Rates		CC Charges in Dest. Currency	Executed on(date)　　at (place)　　signature of issuing Carrier or its Agent
For Carrier's Use Only at Destination		Charges at Destination	Total Collect Charges

ORIGINAL 3 (FOR SHIPPER)

注：此表供完成任务使用。

任务评价

将对“任务实施”的评价结果填入表 12-27 中。

表 12-27

栏目序号	组内评价	组间评价	教师评价	栏目序号	组内评价	组间评价	教师评价
1				19			
2				20			
3				21			
4				22			
5				23			
6				24			
7				25			
8				26			
9				27			
10				28			
11				29			
12				30			
13				31			
14				32			
15				33			
16				34			
17				35			
18				36			
教师评定综合成绩							

知识拓展

航空主运单和分运单

航空运单主要分为两大类。

一、航空主运单（Master Air Waybill，MAWB）

由航空运输公司签发的航空运单通常被称为主运单。它是航空运输公司据以办理货物运输和交付的依据，是航空公司和托运人订立的运输合同，每一批航空运输的货物都有对应的航空主运单。

二、航空分运单（House Air Waybill，HAWB）

集中托运人在办理集中托运业务时签发的航空运单被称作航空分运单。在集中托运情况下，除了航空运输公司签发主运单外，集中托运人还要签发航空分运单。

航空分运单作为集中托运人与托运人之间的货物运输合同，合同双方分别为货主A、B和集中托运人；而航空主运单作为航空运输公司与集中托运人之间的货物运输合同，当事人则为集中托运人和航空运输公司。货主与航空运输公司没有直接的契约关系。

不仅如此，由于在起运地货物由集中托运人将货物交付航空运输公司，在目的地由集中托运人或其代理从航空运输公司处提取货物，再转交给收货人，因而货主与航空运输公司也没有直接的货物交接关系。

附：主运单与分运单对比表（见表12-28）。

表12-28

	主运单（MAWB）	分运单（HAWB）
作用	航空运输公司与货运代理之间订立的运输合同	集中托运人与托运人之间订立的货物运输合同
签发人	航空公司	货运代理
发货人/收货人	实际发货人和收货人	货运代理（集中托运人）

模块十三
国际空运进口货物操作

学习目标

1. 掌握国际空运进口货物运输的操作流程
2. 了解国际空运进口货物运输报关、报检所需要的文件

学习任务

任务内容：天宇国际进出口公司由日本进口到北京一批微波炉，请分别描述货运代理、航空公司地面代理和航空公司的工作流程，并列出办理进口报关报检时所需提供的文件。

必备知识

一、航空公司及其地面代理的操作

（一）接收随机文件

目的站的航空公司工作人员根据当日到港航班动态信息，以及所接收的航班信息，认真做好记录，及时接收随机文件，并根据飞机配载平衡图表填制卸机单。卸机单一式两份，一份卸机员留存，另一份与舱单一起留存。

卸机作业

（二）卸机作业

航空公司地面代理的卸机作业人员根据飞机到港时间计划，使用平台车设备或传送带设备将货物卸下飞机，核对舱

单后将货物用小拖车托运至航空公司的海关一级监管仓库。在这一过程中要注意以下几点：

（1）在大的枢纽机场，不同的航空公司可能选择不同的地面服务代理，对应提货的海关一级监管仓库也有所不同，需要辨别。

机场货运站

北京有两家地面服务代理——国货航和 BGS，相应也有两处海关一级监管库，具体信息需要详细咨询各航空公司的地面代理，如新加坡航空公司由 BGS 代理，新航的货物就会转运到 BGS 的海关监管仓库；国航的货物就会被转运到国航的海关监管仓库。

（2）航空公司的海关监管仓库在海关均有备案，一般采用信息化管理手段，与海关的系统相连，海关能够实时了解仓库内货物的信息；同时在仓库现场还有海关的工作人员采用抽检、查验等手段加强货物的监管力度。涉及其他方面的查验也有可能在该仓库中进行，如毒品检查等。

海关查验货物

（3）航空公司地面代理的海关监管仓库在货物到港后一般会为货主提供 3 天的免费仓储期。

（4）使用航空公司地面代理的装卸设备提供的劳务、仓储等服务时，货主需要支付相应的费用（货物航空运费不含此费用）。

（5）危险品货物在到达仓库后没有免费的仓储期，而是从到达的当天就开始计收仓储费用，价格比普通货物贵很多。

（三）航空公司录入舱单，进行进口申报

航空公司作为承运人录入舱单信息到海关系统，进行进口申报；这时舱单所列名均按主单号录入系统，包含收货代理的信息和件数、重量等重要信息。这个步骤是后续进口报关和进口操作的基础，依据这个信息，海关就能够做到对货物的全程监控。舱单信息的录入一般要求在飞机到港后 2～3 个小时之内完成。

注意：所有的航空公司的主单收货人必须是在商务部和海关注册的一级货运代理。

（四）海关分拨

主单上的收货人的地址、电话一般都是机场收货人的，由于航空公司地面代理的仓库容量有限，加上超过 3 天以后还要支付仓储费用，一般要求自提的国际货运代理会尽快将自己的货物转运到自己承租的二级海关监管仓库。一般在货物到达 4 个小时内提货和转运，这称为海关分拨。

CHINA CUSTOMS

中國海關

中国海关标志

海关对于货物的监管力度日益加大，对多货物分拨运输这一环节也提出了严格的监管要求：

（1）要有海关报关员的分拨申请。

（2）要有海关监管车辆或可以密封的分拨转运箱（可由拖车拖挂或卡车装运）。

（3）要有海关监管车辆一车一本的分拨手册。

（4）要有海关监管车辆，分拨转运箱要铅封。

（5）要有海关人员在装卸现场监控。

没有要求机场自提的货物，将根据收货人主单上的地址由航空公司地面运输车辆由海关转运至专门的监管仓库。

（五）监管仓储

（1）目前北京口岸的二级海关监管库有天竺的海关监管库和宏远物流的海关监管库。此类海关监管仓库在海关有备案，仓库为企业所有。

（2）货运代理公司自主管理货物，一般与海关的系统没有直接联系，但也要在海关系统里录入分单信息。货运代理公司对货物的流动、仓储负责。货运代理公司一般采用电脑系统或台账管理货物的进口和库存。

（3）技术先进、规模较大的货代公司已经陆续采用一些新的管理设备和技术，如多层货架、扫描和频射技术等。

（4）进口货物必须接受由海关人员和其他检查机构（如卫生检疫、缉毒）组织的检查。

（5）在进口的任何环节，如发现货物破损、缺失或其他异常情况，都应当及时填写货物运输事故记录，对于包装破损严重的货物，应当详细记录，并妥善保管，等候收货人查验。

海关报关

（6）在交付货物时，应提供运输事故报告文件，会同收货人共同检查货物内容。

（7）在收货人签收时，可给予其一份运输事故报告，作为客户日后索赔凭证。

（8）对联程货物，必须将包装修复或重新包装后，才能续运。

二、货运代理的操作

（一）到货通知

1. 接收货物预报

始发地货运代理在飞机起飞后一般会向目的地货运代理发送货运单（包括主单和分单）、装箱单、商业发票以及其他相关单据的传真件或电子文件，以便目的地货运代理提前审核单据，准备进口报关，同时要说明该货物的航班信息。

2. 接收航空公司地面代理的到货通知

航空公司地面代理与货运代理之间已经形成了紧密的日常工作关系，一般在货物到达后航空公司地面代理会电话通知到货信息，包括主单号、航班号以及到货件数、重量、尺寸等信息，以便货运代理安排提货车辆提货；同时货运代理会根据地面代理提供的货物信息安排车辆到相应的航空公司地面代理海关一级监管仓库提货。

目前比较大的货运代理公司有专门的提货组负责处理提货事宜，每天上午和下午根据航班的到港情况安排两次提货分拨作业。

3. 货运代理公司通知收货人

货运代理公司将货物转运到自己管理的海关监管库后，需要立即通知具体的客户安排下一步的报关报检工作。一般情况下应在货物到达仓库后的当天或第二天通知客户，并通过电话确认，在发出到货通知 2 天以后，如果收货人没有任何反馈，应当再次发出到货通知，提醒收货人。货运代理公司客服人员要依据每一个分单上的收货人逐一联系。

通知收货人的内容主要包括：

（1）收货人。

（2）货物到付金额。

（3）“请于进港之日 14 日内向海关申报，否则海关将按 0.5%收取滞报金”。

4. 安排报关事宜

关于客户报关的安排有如下几种情况：

（1）货运代理按照客户要求代理报关报检操作。要求：货运代理公司必须在海关备案，具有报关报检资格；安排收货人准备相应的进口报关文件，如报关报检委托书、盖章文件等。一些知名的大公司越来越多地选择这种业务模式，采取一站式服务来确保服务质量。

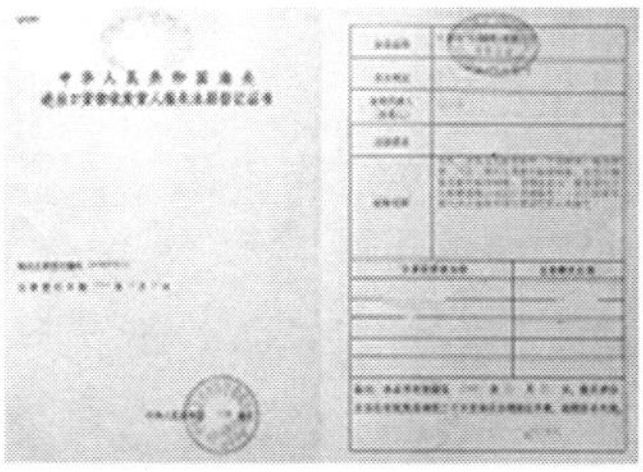

报关注册证书

（2）客户在海关备案、具有报关资格的，由客户到货运代理公司换取货物进口单据，再去报关。

（3）客户指定自己的报关公司安排报关报检，客户自己的报关公司到货运代理公司换取货物进口单据。

（4）货运代理没有报关资质，由货运代理安排第三方报关公司给客户报关报检，报关公司到货运代理公司换取货物进口单据。

自理报检单位
备案登记证明书

（5）收货人不在口岸地的客户，有些时候会提出转关到当地海关的要求，货运代理公司或报关行需要向海关申请转关手续，通过空运或海关监管车辆运输货物到客户当地海关，安排进口报关报检交税手续。目前海关的系统已经联网，客户可根据自己的情况选择合适的口岸进行报关。

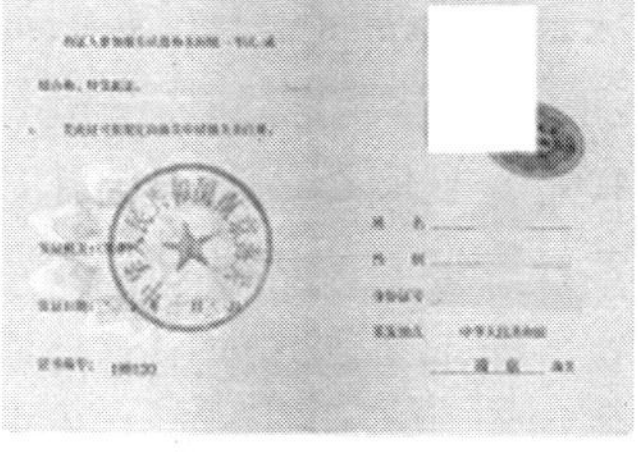

报关员证书

（二）报关、报检、完税

1. 进口报关报检

（1）《中华人民共和国海关法》规定，进口货物收货人应当自载运该货物的运输工具申报进境之日起 14 日内向海关办理进口申报手续，超过 14 日期限来向海关申报的从第 15 日起按日征收 CIF 价格 0.5%的滞报金。

（2）按照海关管理条例，任何进口货物都必须向海关申报。进口的物品种类和进口用途必须严格按照海关的分类申报。目前海关主要是依据 HS 编码进行管理的。

《商品名称及编码协调制度的国际公约》（International Convention for Harmonized Commodity Description and Coding System）简称协调制度（Harmonized System，HS），是1983年6月海关合作理事会（现名世界海关组织）主持制定的一部供海关、统计、进出口管理及与国际贸易有关各方共同使用的商品分类编码体系。HS编码“协调”涵盖了《海关合作理事会税则商品分类目录》（CCCN）和联合国的《国际贸易标准分类》（SITC）两大分类编码体系，是系统的、多用途的国际贸易商品分类体系。它除了用于海关税则和贸易统计外，在运输商品的计费、统计、计算机数据传递、国际贸易单证简化以及普遍优惠制税号的利用等方面，都提供了一套可使用的国际贸易商品分类体系。HS于1988年1月1日正式实施，每4年修订1次。世界上已有150多个国家在使用HS，全球贸易总量90%以上的货物都是按HS分类的。HS的总体结构包括三大部分：归类规则；类、章及子目注释；按顺序编排的目与子目编码及条文。这三部分是HS的法律性条文，具有严格的法律效力和严密的逻辑性。HS首先列明6条归类总规则，规定了使用HS对商品进行分类时必须遵守的分类原则和方法。HS的许多类和章在开头均列有注释（类注、章注或子目注释），严格界定了归入该类或该章中的商品范围，阐述了HS专用术语的定义或区分某些商品的技术标准及界限。

海关税则

HS采用六位数编码，把全部国际贸易商品分为22类，98章。章以下再分为目和子目。商品编码第一、二位数码代表“章”，第三、四位数码代表“目”（Heading），第五、六位数码代表“子目”（Subheading）。前6位数是HS国际标准编码，HS有1 241个四位数税目，5 113个六位数子目。有的国家根据本国的实际情况，已分出第七、八、九位数码。

在HS中，“类”基本上是按经济部门划分的，如食品、饮料和烟酒在第四类，化学工业及其相关工业产品在第六类，纺织原料及制品在第十一类，机电设备在第十六类，运输设备在第十七类，武器、弹药在第十九类等。HS“章”分类基本采取两种方法：一是按商品原材料的属性分类，相同原料的产品一般归入同一章。章内按产品的加工程度从原料到成品进行排列。二是按商品的用途或性能分类。制造业的许多产品很难按其原料分类，尤其是用多种材料制作的产品或由混合材料制成的产品（如第64章鞋、第65章帽、第95章玩具等）及机电仪产品等，HS按其功能或用途分为不同的章，而不考虑其使用何种原料，章内再按原料或加工程序排列出目或子目。HS的各章均列有一个起“兜底”作用，名为“其他”的子目，使任何进出口商品都能在这个分类体系中找到适当自己的位置。

表13-1列举了几件物品的海关编码和重要信息。

表 13-1 货物海关编码信息

海关编码	货物品名	进口税率（%）		增值税率（%）	监管条件
		最惠国	普通		
3703.1010	未曝光的摄影感光纸及纸板	22.6	100	17	7
5004.0000	丝纱线（绢纺纱线除外），非供零售用	6	90	17	B
7012.0000	保温瓶或其他保温容器用的玻璃胆	21	100	17	A
8702.1020	机坪客车	4	90	17	6ABO

1）海关监管条件具体说明（节选）（见表 13-2）。

表 13-2 海关监管条件说明

监管条件代码	监管条件说明
1	进口许可证
4	出口许可证
7	自动进口许可证
A	入境货物通关单
B	出境货物通关单
0	自动进口许可证（新旧机电产品）

2）进口用途具体说明（见表 13-3）。

表 13-3 进口用途说明

用途代码	用途名称
01	外贸自营内销
02	特区内销
03	其他内销
04	企业自用
05	加工返销
06	借用
07	收保证金
08	免费提供
09	作价提供
10	货样、广告品
11	其他
13	以产顶进

（3）进口报关需填写“进口货物报关单”并随同交验下列单据：提单或运单（结关后由海关加盖放行章，提货后留在监管仓库存档）；合同；发票；装箱单；进口许可证和国家规定的其他批准文件；报关单；报关报检委托书；海关认为有必要提供的其他文件。

2. 进口交税

海关通过核验报关文件，在确认货物归类和进口价格无误的情况下，会出具进口税单，税单包括关税单、增值税单，有些商品包含消费税，具体交税条目需要根据进口货物的海关编码确定。

案例分析：进口一台价值一万美元的某种机器，该机器根据海关税则，税号是84131100，进口关税税率是12%，增值税税率是13%，那么进口这台机器需要交多少税款呢?

第一步：海关根据填发海关专用缴款书当天的汇率，把申报的外汇换算为人民币（按1USD=6.8CNY计算），确定这台机器的进口价格是68 000元人民币，即“完税价格”。

第二步：进口关税。

进口关税的税款金额=进口关税的完税价格×进口关税税率
=68 000×12%
=8 160元

第三步：代征增值税。

代征增值税的完税价格=进口关税的完税价格+进口关税的税款金额
=68 000+8 160
=76 160元

代征增值税的税款金额=代征增值税的完税价格×增值税税率
=76 160×13%
=9 900.80元

第四步：税款总计。

税款总计=8 160+9 900.80
=18 060.80元

贸易的种类有以下几种：

(1) 一般贸易。

一般贸易是指在我国境内有进出口经营权的公司、企业（包括外商投资企业），进行的单边进口或出口的贸易。一般是通过对外签订合同、协议或当面洽谈而成交的。包括：按正常方式成交的进出口货物；易货贸易（边境地方易货贸易除外）；从保税仓库提取在我国境内销售的货物；货款援助的进出口货物；暂时进出口（不再复运、出口）的物品；外商投资企业用国产材料加工为成品出口以及进口旅游饭店用的食品等货物。

(2) 加工贸易。

从广义上讲，加工贸易是外国企业（通常是工业发达国家和新兴工业化国家或地区的企业）以投资的方式把某些生产能力转移到东道国或者利用东道国已有的生产能力为自己加工装配产品，然后运出东道国进行境外销售。

（3）来料加工。

来料加工是指由外商提供原辅材料、元器件、零部件，由国内企业按照外商提出的规格质量和技术标准加工为成品或半成品，由外商自行在海外市场销售，国内企业则按双方议定的费用标准，向外商收取加工费（即工缴费）。

（4）进料加工。

进料加工是指外贸公司或企业自行进口原辅材料、零部件、元器件，根据国际市场的需求，或自己的销售意图，加工或制造商品销往国外市场，赚取销售成品与进口原辅料等之间的差价。

（5）加工贸易进口设备。

加工贸易进口设备是指与加工贸易经营单位开展加工贸易（包括来料加工、进料加工及外商投资企业从事的加工贸易）的外商，以免费即不需经营单位付汇进口也不需要用加工费或差价偿还的方式，向经营单位提供加工生产所需的设备。

进口交税有以下两种特殊情况：

第一，担保放行。

进口公司如果因各种原因不能在报关时交验有关单证，可以向海关提交保证金或保证函，申请海关先放行货物，后补办手续。海关经审查同意后，在货运单据上签章放行，收货人提货后可以投入生产和使用，但必须及时补办报关纳税手续。在此之前，不得出售、转让或移作他用。

第二，保税货物。

保税货物是指经海关批准未办理纳税手续进境，在境内储存、加工、装配后复运出境的货物。返销产品的中小型补偿贸易、来料来件加工装配业务以及部分进料加工贸易的进口料、件和设备向海关申请保税的，料、件自进口加工之日起至加工成品出口之日止，有关设备自进口之日起至全部偿还并按海关规定期限解除监管止，均应接受海关监管。

目前根据我国与一些国家的贸易协定，进口货物除了标准进口税率之外还有最惠国税率，也就是按照商品的进口国来判断进口商品是否适用最惠国进口汇率。目前像东盟、欧盟、美国、日本等都享受最惠国待遇。

目前的进口交税环节一般由企业自己安排财务缴纳，也可以委托报关公司或货运代理公司代缴。目前航空口岸交税通行的做法是电子口岸缴费，即企业通过网络银行，在电子口岸支付平台上支付各项税款，税款直接交入中央金库。税款到账后，海关可以在海关系统查询支付结果。

缴纳关税后，由海关在货物报关单和货运单上签章放行，即为结关。收货人或其代理可持海关签章的货运单提取货物。

3. 报检

进口商品分法定检验进口商品和非法定检验进口商品两种。

法定检验进口商品是列入《种类表》及其他法律、法规规定必须经过商检机构或者国家商检局、商检机构指定的检验机构检验的进口商品。除此以外的进口商品为非法定检验商品。这两类商品在办理报验手续上有所不同。

（1）法定检验进口商品。

法定检验进口商品是在看到货后，收货人或货运代理人必须向口岸商检机构办理进口商品登记手续，然后按商检机构规定的地点和期限向到货地商检机构办理进口商品报验。

法定检验进口商品的登记程序如下：

1）填写入境货物报检单：

(a) 商检受理报验编号：由受理报验人员填写。

(b) 申请登记单位：填写申请登记单位全称并盖章。

(c) 登记日期：填写申请登记当天日期。

(d) 商品编号：填写 HS 编码 8 位数字。

(e) 数（重）量：按实际到货数（重）量填写，并附计量单位。

(f) 进口日期：按“进口货物到货通知单”所列进口日期填写。

(g) 合同号：买卖双方签订的外贸合同的号码。

(h) 合同金额：合同中所列商品总价值，并附货物名称。

(i) 贸易国别（或地区）：进口商品的出口国家（或地区）。

(j) 贸易方式，应填写“一般贸易”“三来一补”“边境贸易”“其他”方式之一。

(k) 收发货单位：填写收发货单位全称。

2）提供相应的单据：一般应提供进口货物到货通知单、进口货物报关单、合同、发票、提单/运单等。

3）商检机构经审核、登记后，在“入境通关单”上加盖检验检疫专用章，海关凭盖有检验检疫专用章的通关单验放货物。

（2）非法定检验进口商品。

非法定检验进口商品到货后，由收货人、最终客户直接办理进口通关手续。提货后，可按合同的约定自行检验，若发现问题需凭商检证书索赔的，可向所在地商检机构办理进口商品报检。

4. 海关商检查验放行

海关大楼

对于商检，海关一般在接受申报后，会根据文件提供的货物信息来核查是否与相关的进口单证一致，如有需要，商检部门也会安排现场查验，对实际货物进行核对，一般在海关监管仓库进行，也可以在商检要求的地点进行。如正确无误，商检部门将对法定检验的商品出具商检证。

货物在客户提货前或送货前，需要向海关监管库现场海关提交放行文件，现场海关人员可以根据海关系统的布控或随机需要，安排现场查验。如果校验无误，现场放行。

三、进口货物的交付

（一）货物的交付方式

1. 货物派送

货物在海关现场放行后，就可以安排运输到客户要求的地点。货运代理公司可提供多种形式的派送服务。

（1）卡车派送。

中短途货物派送可以采用卡车运输派送。对货量较大的货物，可以选择整车运输，服务时限较短；货量较小时可以选择第三方零担运输，但服务时限较长。如目前许多货运代理根据自己的客户和市场需要，开通了每天往返的卡车班车，安排货物转运，在派送时限和经济性方面都得到了客户的认可，如开通北京至天津、北京至沈阳、北京到石家庄、上海到苏州、杭州等周边城市的货运班车等。

（2）国内飞机转运。

客户对货物时限要求较高时，或离进口口岸较远的客户可以选择国内飞机转运，但对于一些超限货物，可能会因为国内航班机舱尺寸的原因无法用飞机转运。对从国外进口的某些危险品，国内航班一般不接收转运。

2. 客户自提

进口货物在清关后，一些客户会安排卡车或自己的运输代理到海关监管仓库自提货物。

3. 海关转关

（1）国内转关。

有些不在进口口岸的客户会根据自己当地的税收和海关的优惠政策等将货物转运至最终目的地口岸报关，这样在进口口岸就不用安排清关交税手续，但在海关办理转关手续的流程和所需的报关文件与清关基本一致。

（2）监管转关。

目前比较普遍的另外一种转关业务是针对出口加工型企业的原材料进口，具体分为飞机转运和监管卡车转运。远途的一般通过飞机转运，在清关手续完成、海关放行之后，一同将进口文件和货物交付航空公司国内货运仓库，航空公司安排空运到目的地后由客户或他们的代理安排进口报关和交税。

海关监管卡车

如北京到西安的空运转关。短途的转关一般由海关监管卡车来运输，目前通过北京机场口岸进口，转关业务较多的线路是针对天津开发区和青岛的外向型企业的北京至天津转关业务和北京至青岛转关业务。

在北京机场口岸比较典型的另外一种业务是到蒙古和朝鲜的过境业务。北京机场只是作为国际运输的中转站，将货物交与另一段国际运输；由于到蒙古和朝鲜的国际航班舱位的局限性，一般是选择货物到北京口岸，由货运代理向海关申报过境，海关同意后将货物和文件交付外航。但超长超限的货物在转运过程中往往需要经受外航飞机无法装载的挑战，有时不得不考虑其他运输方案。

（二）货物交接

在货物交接时，要尽可能按照标准货物交接流程处理。具体而言，应注意以下几点：

（1）除非另有约定，货物只交付给航空货运单上的收货人。

（2）收货人应当凭本人有效证件提货，必要时需要提供收货公司盖章的收货证明。

（3）收货人提取或接收货物时，发现货物丢失、短缺、损坏等异常情况，需要当场提出，并由双方签字确认。

（4）交接单据：将与货物相关的文件，尤其是报关单、税单等进口文件交给客户。

（三）结算费用

进口货物在派送前或客户自提前需结算所有费用，具体结算项目如下：

（1）到付运费。

（2）地面服务操作费。

（3）报关报检费或换单费。

（4）仓储费。

（5）装卸费。

（6）大件物品的叉车费用。

（7）海关商检查验费。

（8）代垫关税和商检费。

（9）派送费。

（10）其他费用。

四、航空货物进口作业的趋势

（1）电子口岸，电子报关。电子报关是利用现代通信和网络技术，通过计算机、网络或终端向海关传递规定格式的电子数据报关单，并根据海关计算机系统反馈的审核及处理结果，办理报关手续。

我国海关已在进出口货物通关作业中全面使用计算机进行信息化管理，成功运用了多个电子通关系统。

（2）“24×7”报关，集中报关。国家级的物流园区在海关、商检、外汇管理等环节实施各种便捷措施，园区内的优秀企业与海关和商检部门的系统对接，可实现“24×7”全天候报关；报税仓库、加工贸易企业实现集中报关，即货物可以按照市场销售情况进口出货，但申报和交税环节可以集中办理。

（3）空中报关。对于一些对货物运输时限要求较高的进口货物，海关提供了空中报关服务，即货物在未到港之前就向海关申请报关，货物到港之后申报环节就简化和加快了很多。

（4）加入世界贸易组织以后，海关关税水平已经有了较大幅度的下降，商检在保护国内消费者利益方面发挥着越来越重要的作用。

（5）海关和商检部门重视进口报关数据的准确性，各种行业的专业人才服务于审单环节，对报关报检员实行的多项管理措施取得了良好的效果。

学生练习

1. 货运代理通知收货人到货时，通知的内容主要包括：

（1）____

（2）____

（3）____

2. 根据所学内容填空。

（1）航空公司地面代理的海关监管仓库在货物到港后一般会提供给货主________天的免费仓储期。

（2）所有航空公司的主单收货人必须是在________注册的________货运代理。

（3）货运代理没有报关资质，可以由货运代理安排________给客户报关报检。

（4）商检机构经审核、登记后，在________上加盖检验检疫专用章，海关凭盖有检验检疫专用章的通关单验放货物。

（5）《中华人民共和国海关法》规定，进口货物收货人应当自载运该货物的运输工具申报进境之日起________日内向海关办理进口申报手续，超过此期限需从第 15 日起按日征收 CIF 价格________%的滞报金。

任务实施

1. 请描述天宇国际进出口公司进口（东京至北京）微波炉的运输操作步骤，并在下面的框内绘制出操作流程图。

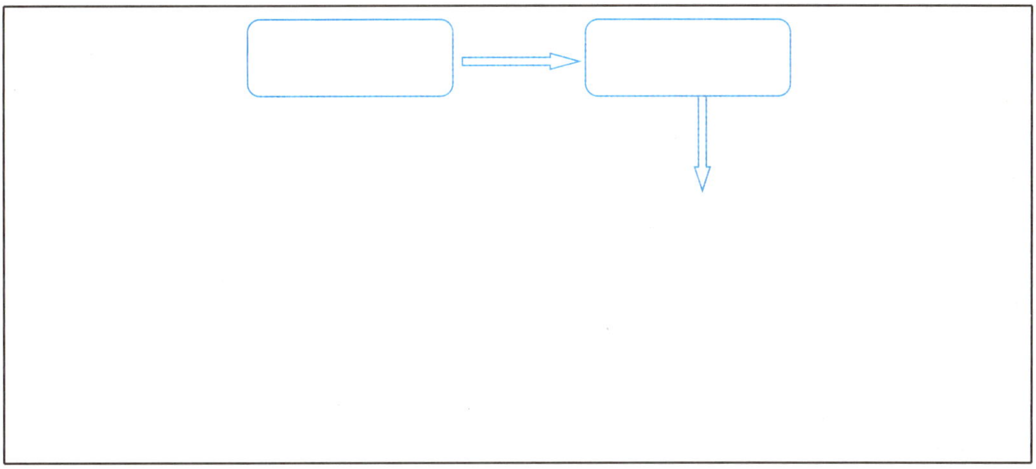

2. 列出进口报关所需要的单据清单。

（1）____________________　　（2）____________________

(3) ________________　　(4) ________________
(5) ________________　　(6) ________________
(7) ________________　　(8) ________________

任务评价

将对“任务实施”的评价结果填入表 13-4 中。

表 13-4

评价方式	操作步骤是否齐全	每个角色的操作步骤间的交叉点是否清晰	绘制的流程图是否简洁、美观	存在的问题
组内评价	☆☆☆☆☆	☆☆☆☆☆	☆☆☆☆☆	
组间评价	☆☆☆☆☆	☆☆☆☆☆	☆☆☆☆☆	
教师评价	☆☆☆☆☆	☆☆☆☆☆	☆☆☆☆☆	

知识拓展

潍坊海关办理首笔“卡车航班”进口业务

装载着 13 万个手机用天线的海关监管卡车，从青岛流亭机场通过“卡车航班”海关监管模式，在潍坊海关驻出口加工区办事处办理了通关手续，这是潍坊海关开办“卡车航班”出口业务以来，首次办理的“卡车航班”进口业务，标志着“卡车航班”海关监管模式在潍坊出口加工区取得了新突破。

据介绍，“卡车航班”业务是对空陆联运海关监管运输模式的形象叫法，实现了空港航班与卡车运输的最佳结合，用陆路运输弥补了空运航班在时间和运力方面的不足，

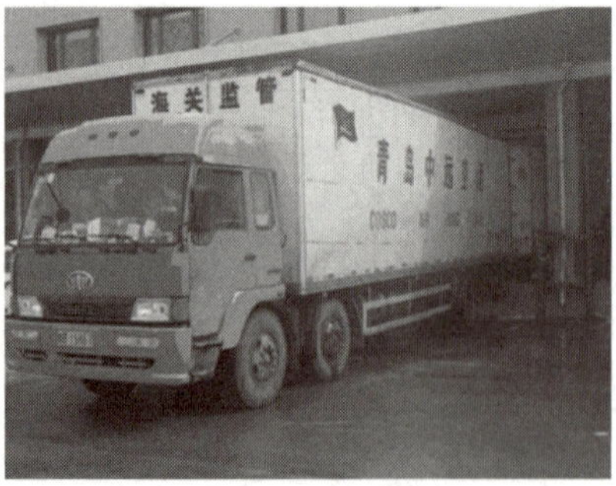

可充分利用内陆腹地优势，有效降低企业运输成本，实现“空港后移”效果。潍坊海关先后出台了“卡车航班”、“5+2”工作制、24 小时预约通关等系列服务举措，支持潍坊出口加工区的发展，为企业提供高效率的通关服务。该区业务发展迅速，辐射魏桥纺织等省内外 70 余家重点企业，仅此次开通的进口“卡车航班”业务，初步预计即可带来 500 万美元以上的保税物流货值。

模块十四
特种货物的操作

学习目标

1. 掌握运输危险品时的交运和收运流程
2. 掌握运输危险品时所需要准备的文件类别及样本
3. 了解运输活体动物的运输流程
4. 了解运输贵重货物和鲜活易腐货物时的注意事项

学习任务

任务内容： 环球货运公司操作部门接收到如下几票特殊货物：汽车、新鲜蔬菜、宠物狗、名牌手表。

任务要求： 以小组为单位，任选一种特殊货物，描述该货物的运输流程、注意事项，并准备相关的文件样本。

必备知识

一、危险品的操作

（一）危险品的识别

（1）应确定危险品的运输专用名称，如 Acetal。

（2）根据运输专用名称查询危险品表，如 Acetal 可查出如表 14－1 所示的内容。

表 14-1　　Acetal 相关信息

运输专用名称	UN编号	主要危险性	次要危险性	标签	包装等级	客机运输包装限量	客机运输包装说明号	货机运输包装限量	货机运输包装说明号
Acetal	1088	3	—	Flamm. liquid	Ⅱ	305	5L	307	60L

注：危险品表见附录八。

（二）危险品的包装

（1）查询包装说明号。以客机运输为例，查找 305 号包装说明（见表 14-2）。

表 14-2　　305 号包装说明

包装说明 305
国家差异：BEG-03，USG-04/08/13 经营人差异：AA-01，AS-02，CI-01，CO-03/08，CS-03，DL-02/03，FX-02，IC-03，NW-01，RG-04，SQ-07，SW-01，TU-05，TW-03，UA-01/02，ZW-01/02 亦符合 5.0.2 中的一般包装要求 不准使用单一包装
组合包装

内包装

名称	玻璃瓶、陶瓷	塑料	金属（非铝）	铝	玻璃
规格	IP1	IP2	IP3	IP3A	IP5
单位	L	L	L	L	L
最大数量	1.0	5.0	5.0	5.0	0.5

外包装

类型	桶					方桶			箱						
名称	钢	铝	胶合板	纤维	塑料	钢	铝	塑料	钢	铝	木	胶合板	再生木材	纤维板	塑料箱
规格	1A2	1B2	1D	1G	1H2	3A2	3B2	3H2	4A	4B	4C1 4C2	4D	4F	4G	4H2

（2）确定内包装和外包装的材料和包装限量。根据 305 号包装说明和危险品表可以确定内包装和外包装有多种选择，例如，外包装：4G（纤维板），每个包装最多 5L；内包装：IP1（玻璃瓶），每个包装最多 1L。

（三）包装标记

包装表面需注明发货人和收货人的姓名、地址、运输专用名称及 UN 编号。

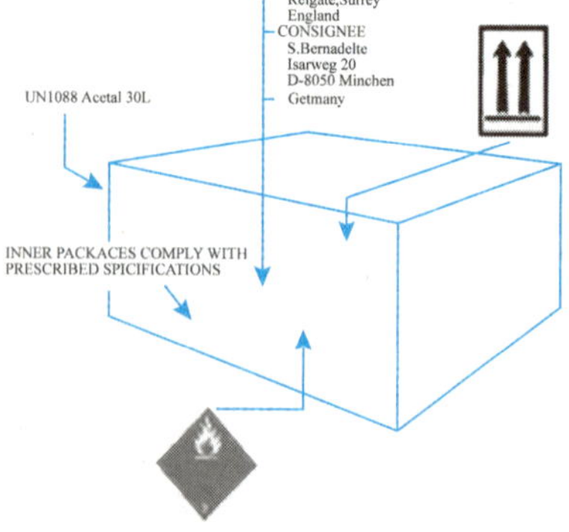

危险品包装上的标记与标签

（四）危险品标签

根据货物的危险性选择合适的标签。

（五）运输文件

1. 危险品申报单

危险品申报单通常是托运人在托运危险品时必须填写的运输文件。

注：危险品申报单见附录六。

2. 收运核查单

在使用该表检查时，当表中所有的项目没有检查完时，不得收运。如果任何一项问题得到否定回答，也不得收运，但应给托运人一份收运检查单的副本，以便指出错误加以纠正。表中许多项目可在“N/A”栏中做标记，但这不是“否定”的回答。在“COMMENTS”（评语）栏中，应清楚地解释拒收的原因。

注：非放射性危险品收运核查单见附录七。

3. 特种货物机长通知单

根据IATA关于特种货物运输的规定，对于装载在飞机上的特种货物，货运部门必须在飞机起飞前向机长做出书面通知，即特种货物机长通知单。当空中出现紧急情况时，机长可以根据特种货物机长通知单将机上所装特种货物的种类、数量及装载位置通知地面有关机场当局，并采取措施。

注：特种货物机长通知单见附录十。

二、活体动物的操作

（一）预先安排

1. 舱位

（1）运输活体动物时，应优先使用直达航班，减少起飞、落地次数，避免重复操作和温度的急剧变化。

（2）收运动物前，必须订妥全程舱位，并符合有关承运人的运输条件。

（3）如需变更承运人，必须重新得到续程承运人的许可。

（4）选择运输路线时，还需考虑从收运到交付所需的总时间。

2. 机型

（1）动物装载于下货舱内运输时，应考虑不同的飞机所能提供的运输条件，因为只有部分机型的下货舱可以通风和控制温度。

（2）大多数动物可装载在全货机的主货舱内。

3. 机场设施

（1）发运动物前必须确认有关机场备有所需的装卸和仓储设施。

（2）如果在周末或节假日无法办理海关和联检手续，应尽量安排动物在工作日到达中转站或目的站。

4. 预先通知

如已做好各项准备工作，托运人应告知收货人货物的运输情况，保证货物到达目的站后，收货人可及时办理海关、卫生检疫手续，提取货物。

（二）运输文件

1. 活体动物证明书

托运人交运活体动物时应填制活动物证明书（一式两份），由托运人签字后交承运人，托运人必须确认承运人不承担由于自然原因造成动物死亡、丢失的任何责任，一份交承运人留存，一份和其他证件一起附在货运单上寄往目的站。

活体动物证明书样本如表 14-3 所示。

表 14-3　　　　　　　　活体动物证明书

SHIPPER'S CERTIFICATION FOR LIVE ANIMALS

This is to certify that (check appropriate box):

☐ In addition to having completed all advance arrangements, this consignment is properly described and packed, and is in proper condition for carriage by air according to the current Edition of the IATA Live Animals Regulations and all applicable carrier and governmental regulations. The animal(s) of this consignment is (are) in good health and condition.

☐ Animals taken from the wild for shipment have been appropriately acclimatised.

☐ This consignment does not include Appendix I species as described in the Convention on international Trade in Endangered Species of Wild Fauna and Flora or in other applicable national legislations. Applicable permits/certificates are attached to the air waybill.

☐ The endangered species contained in this consignment can be legally carried and imported into the country of ultimate destination and through the transit countries en route.

The shipper accepts that carriers will not be liable for any loss, damage or expense arising from death due to natural cause, or death or injury of any animal caused by the conduct or acts of the live animal itself or of other animals, such as biting, kicking, goring or smothering, nor for that caused or contributed to by the conditions, nature or propensities of the animals. In no event will carrier be liable for death or injury to an animal attendant caused or contributed to by the condition, conduct or acts of animals.

Number of Package(s)	Specific Container Requirement Number (see IATA Live Animals Regulations)	Species(description and names - scientific and common) and Quantity of Animals

Name and address of shipper ______ ______ Signature of shipper ______ Date ______ Year/Monte/Day　　(See reverse side for special conditions	Shippers failure to comply in all respects with the applicable IATA Animals Regulations and any other international and/or national government regulations, may be in breach of applicable law and subject to legal penalties.

Air Waybill No.	Airport of Departure	Airport of Destination

2. 货运单

鉴于活体动物的特殊性，承运人需要在货运单上清晰地注明以下关键信息：

（1）货运单的品名栏内必须写明与收运检查单（LAR）中一致的动物俗名和动物的数量。

（2）注明已订妥的各航段航班号/日期。

（3）所有文件的名称和其他操作要求都应写在“Handing Information”栏。

3. 特种货物机长通知单

具体说明同“危险品”。

4. 其他文件

托运人还负责提供：

（1）动物卫生检疫证明。

（2）有关国家的进、出口许可证。

（3）CITES《濒危野生动植物国际贸易公约》文件。

活体动物卫生检疫证明

三、贵重货物的操作

（一）预先安排

1. 订舱

（1）收运贵重物品前，必须订妥全程舱位，并符合有关承运人的运输条件。

（2）优先使用直达航班。

（3）如需变更续运承运人，必须得到新承运人的许可。

2. 机场设施

（1）保证始发站、中转站和目的站都设有贵重物品仓库。

（2）如果 TACT RULES 未公布有关机场的仓储设施，运输货物时应采取保护措施，以保证货物安全运输。

3. 预先通知

托运人应将货物的航班安排情况预先通知收货人。

（二）运输文件

1. 货运单

鉴于贵重货物的特殊性，填写货运单时需要更加详细和明确的货物信息：

（1）详细的托运人、收货人的名称、地址、联系电话。

（2）除在“Nature and Quantity of Goods”栏内填写真实的货物名称、准确净重、

内装数量外，还应注明“Valuable Cargo”字样。

（3）有些航空公司要求提供贵重物品的生命价值，因此，建议托运人申报货物价值。

（4）注明已订妥的各航段航班号/日期。

（5）其他文件的名称和操作要求在“Handling Information”栏内注明。

（6）贵重物品不可与其他普通货物作为一票货物运输，须出具单独的货运单。

2. 特种货物机长通知单

见附录十。

3. 贵重货物交接单

为了在运输环节中保证贵重货物的安全，一般通过贵重货物交接单管理各业务环节的交接。

贵重货物交接单样表如表 14－4 所示。

表 14－4　　贵重货物交接单

贵重货物交接单

VALUABLE CARGO RECEIPT

编号
REF. NO.________

航班 FLIGHT NO. ________	日期 DATE ________
装机站 STATION OF LOADING ________	卸机站 STATION OF UNLOADING ________
货运单号码 AIR WAYBILL NO. ________	目的站 DESTINATION ________
件数 NUMBER OF PACKAGES ________	毛重 GROSS WEIGHT ________
包装方式 METHOD OF PACKING ________	
货物品名及数量 NATURE AND QUANTITY OF GOODS ________	
货物情况 CONDITION OF CONSIGMENT ________	
交货人 DELIVERING CARRIER ________	地点 PLACE ________
日期、时间 DATE AND TIME ________	备注 REMARK ________
第一接货人 FIRST RECEIVING CARRIER ________	地点 PLACE ________
日期、时间 DATE AND TIME ________	备注 REMARK ________
第二接货人 SECOND RECEIVING CARRIER ________	地点 PLACE ________
日期、时间 DATE AND TIME ________	备注 REMARK ________
第三接货人 THIRD RECEIVING CARRIER ________	地点 PLACE ________
日期、时间 DATE AND TIME ________	备注 REMARK ________

贵重货物交接单一式六份，一份存查，其他交由接货人使用。

PREPARED IN SIX COPIES ONE OF WHICH IS FOR THE FILE OF THE STATION OF ORIGIN AND THE REST, FOR THE USE OF THE RECEIVING CARRIER.

四、鲜活易腐货物的操作

（一）预先安排

1. 订舱

(1) 优先使用直达航班，保证货物在最短的时间内到达目的地。

(2) 在收运货物前，须订妥全程舱位，并保证符合有关承运人的运输条件。

2. 机场设施

(1) 如果货物需要特殊的操作和储存或必须在限定的时间内运达目的站，托运人应以书面形式提出要求。

(2) 保证始发站、中转站和目的站备有所需要的装卸设施。

(3) 如果在周末和节假日无法办理清关手续，应尽量安排货物在工作日内到达中转站或目的站。

3. 预先通知

托运人应将货物的航班安排情况预先通知发货人。

（二）运输文件

1. 货运单

(1) 单品名栏“Nature and Quantity of goods”内除填写货物的品名外还应注明“Perishable”字样。

(2) 注明已订妥的各航段航班号/日期。

(3) 其他文件的名称和操作要求在货运单“Handling Information”栏内注明。

2. 特种货物机长通知单

见附录十。

学生练习

1. 查找并列举可以采用航班运输的特种货物，并将结果写在下面的横线上。

____

____

2. 查询关于上述四种特殊货物运输的案例，并将结果写在下面的横线上。然后在小组内分享。

____

____

任务实施

根据所选货物（见本篇“典型业务场景二”）的信息完成下列任务。

1. 建立工作小组一，货物为汽车。

(1) 待运货物名称为：______________________________

（2）该货物是否属于危险品？ ______

（3）该危险品所属的类别及具有的危险性如何？ ______

（4）查找危险品表并在表14-5中填写信息。

表14-5

运输专用名称	UN编号	主要危险性	次要危险性	标签	包装等级	客机运输包装限量	客机运输包装说明号	货机运输包装限量	货机运输包装说明号

（5）确定包装。

包装说明号： ______

内包装： ______

外包装： ______

（6）标签： ______

（7）在下列方框内填写所需文件清单。

2. 建立工作小组二，货物为名表。

（1）该货物是否属于贵重货物？将理由写在下面的横线上。

______

______

（2）选择的包装为： ______

（3）将订舱的情况写在下面的横线上。

______

（4）将沿途机场的设施情况写在下面的横线上。

______

______

（5）在下面的方框内计算该货物的生命价值附加费（按1USD=6.8CNY计算）。

(6) 在下列方框内填写所需文件清单。

3. 建立工作小组三，货物为宠物狗。

(1) 宠物狗是否属于特殊货物？______

(2) 运输路线为：______

(3) 订舱情况为：______

(4) 办理检验检疫手续。

所需办理的文件包括：______

办理地点为：______

(5) 确认机场设施为：______

(6) 包装为：______

(7) 在下列方框内填写所需文件清单。

4. 建立工作小组四，货物为蔬菜。

(1) 蔬菜的特点为：______

(2) 蔬菜属于哪一类货物？______

(3) 包装为：______

(4) 核对订舱信息：______

(5) 核查沿途机场的设施情况：______

(6) 在下列方框内填写所需文件清单。

任务评价

将对“任务实施”的评价结果填入表 14－6 中。

表 14-6

评价方式	分类是否准确	包装是否符合标准	文件是否齐全	存在的问题
组内评价				
组间评价				
教师评价				

知识拓展

关于加强旅客行李中锂电池安全航空运输的通知

《关于加强旅客行李中锂电池安全航空运输的通知》规定：旅客或机组成员为个人自用内含锂或锂离子电池芯或电池的便携式电子装置（手表、计算器、照相机、手机、手提电脑、便携式摄像机等）应作为手提行李携带登机，并且锂金属电池的锂含量不得超过2克，锂离子电池的额定能量值不得超过100Wh（瓦特小时）。超过100Wh但不超过160Wh的，经航空公司批准后可以装在交运行李或手提行李中的设备上。超过160Wh的锂电池严禁携带。

对于小于100Wh的锂电池，国际民航组织没有规定具体的携带数量限制。通常以携带数量不超过旅客在旅行中的自用需求来判断。

以下可供携带小型电器产品的旅客参考：

1. 手机锂电池的能量一般在3wh～10wh。
2. 单反照相机锂电池的能量多为10wh～20wh。
3. 便携式摄像机的锂电池能量为20wh～40wh。
4. 专业摄像机的锂电池能量可能会超过100wh。
5. 笔记本电脑的锂电池能量为30wh～100wh。

附　录

附录一　任务汇报 PPT 制作参考内容

- 任务背景
- 小组成员及分工
- 任务分析
- 操作流程图
- 运输文件
- 特殊操作
- 任务总结

附录二　各类飞机机型代码

Aricraft codes

The codes used in this publication are Aircraft General Designators as specified in Appendix A of the Standard Schedules Information Manual issued by IATA.

J=pure jet
H=helicopter
P=propeller
T=prop jet
A=amphibian/seaplane

Decoding of abbreviations

ABF	J	Airbus Industrie A300 (Freighter)
AB3	J	Airbus Industrie A300 Passenger
ACD	P	Twin (Aero) Commander/Turbo/Jetprop
ANF	H	Antonov AN-12
AN4	T	Antonov AN-24
AN6	T	Antonov AN-26/30/32
AN7	T	Antonov AN-72/74
ARJ	J	Avro RJ70/RJ85/RJ100
ATP	J	British Aerospace ATP
ATR	T	Aerospatiale/Alenia ATR42/ATR72
AT7	T	Aerospatiale/Alenia ATR 72
A4F	J	Antonov AN-124 Ruslan
BEC	P	Beechcraft (Ligt Aircraft)
BE1	T	Beechcraft 1900 Airliner
BE2	P	Beechcraft-Lght Acft-Twin Piston Engine
BE9	T	Beechcraft C99 Airliner
BH2	H	Bell (Helicopters)
BNI	P	Britten -Norman BN-2A/BN-2B Islander
BNT	P	Aerospatiale Nord 262
B11	J	British Aerospace (BAC) On-Eleven
CD2	T	Govt. Acft. Factories N22B/N24ANomad
CL4	T	Cana dL-44
CNA	P	Cessna (Light Aircraft)
CNC	T	Cessna Light Aircraft (Single Turboprop)
CNJ	J	Cessna Citation
CRJ	J	Canadair Regional Jet
CRV	J	Aerospatiale SE210 Caravelle
CS2	T	Casa/Nusantara NC-212 Aviocar
CS5	T	Casa/Nusantara CN-235
CVF	T	Convair 440/580/600/640 (Freighter)
CVR	P	Convair 240/440/580 (Passenger)
CWC	P	Curtiss C-46 Commando
DC3	P	Boeing (Douglas) DC-3 Passenger
DC6	P	Boeing (Douglas) DC-6B Passenger
DC8	J	Boeing (Douglas) DC-8 Passenger
DC9	J	Boeing (Douglas) DC-9 Passenger
DFL	J	Dassault Flacon
DHB	T	de Havilland DHC2 Beaver/Turbo Beaver
DHC	P	de HAVILL AND dhc-4 Caribou
DHH	P	British Aerospace (de Havilland) Heron
DHL	T	de Havilland DHC-3 Turbo Otter
DHO	P	de Havilland DHC-3 Otter/Turbo Otter
DHP	P	de Havilland DHC-2 Beaver
DHS	P	de Havilland DHC 3 Otter
DHT	P	de Havilland DHC-6 Twin Otter
DH1	T	de Havilland DHC-8-100 Dash 8/8Q
DH3	T	de Havilland DHC-8-300 Dash 8/8Q
DH4	T	de Havilland DHC-8 Dash 8-400 Dash 8Q
DH7	T	de Havilland DHC-7 Dash 7
DH8	T	de Havilland DHC-8 Dash 8
D1F	J	Boeing (Douglas) DC10 (Freighter)
D1M	J	BOEING (Douglas) DC 10-30 (Mixed Config)
D10	J	Boeing (Douglas) DC 10 Passenger
D28	T	Fairchild Dornier 228
D3F	P	Boeing (Douglas) DC3 Freighter
D38	T	Fairchild Dornier 328-100
D6F	P	Boeing (Douglas) DC6A/B/C Freighter
D8F	J	Boeing (Douglas) DC8 Freighter
D8M	J	Boeing (Douglas) DC8-62 Mixed Config
D9F	J	Boeing (Douglas) DC9 Freighter
D9S	J	McDonnell Douglas DC9 30/40/50
EMB	T	Embraer 110 Bandeirante
EM2	T	Embraer 120 Brasilia
ERJ	J	Embraer RJ 135/140/145
ER3	J	Embraer RJ135
ER4	J	Embraer RJ145
FA7	J	Fairchild Dornier 728
FK7	T	Fairchild Industries FH227
FRJ	J	Fairchild Dornier 328Jet
F27	T	Fokker F27 Friendship/Fairchild F27
F28	J	Fokker F28 Fellowship
F50	T	Fokker 50
F70	J	Fokker 70
GRG	A	Grumman G-21 Goose (Amphibian)
GRJ	J	Gulfstream Aerospace Gulfsream 2/3/4/5
GRM	A	Grumman G-73 Mallard (Amphibian)
GRS	T	Gulfstream Aerospace G159 Gulfstream 1
HEC	P	Helio H250 Courier/H295/395Supercourier
HOV	A	Hovercraft
HS7	T	British Aerospace (Hawker Siddeley) 748
H25	J	British Aerospace (Hawker Siddeley) 125
ILW	J	Ilyushin IL-86
IL6	J	Ilyushin IL-62
IL7	J	Ilyushin IL-76 Freighter
IL8	T	Ilyushin IL-18
IL9	J	Ilyushin IL-96 Passenger
I14	T	Ilyushin IL-114
J31	T	British Aerospace Jetstream 31
J41	T	British Aerospace Jetstream 41
LOE	T	Lockheed L188 Electra (Passenger)
LOF	T	Lockheed L188 Electra (Freighter)
LOH	T	Lockheed L100Hercutes
LOM	T	Lockheed L188 Electra (Mixed Config)
LRJ	J	Learjet
L1F	J	Lockheed L1011 Tristar Freighter
L10	J	Lockheed L1011 Tristar Passenger
L15	J	Lockheed L1011 Trestar 500 Passenger
L4T	T	Let 410
L49	P	Lockheed L749/L1049 Super Constellation
MBH	H	Eurocopter (MBB) BO 105
MIH	H	Mil/MI-8/MI-17/MI-171/MI-172
MU2	T	Mitsubishi MU-2
M1F	J	Boeing (Douglas) MD-11 Freighter
M1M	J	Boeing (Douglas) MD-11 Mixed Config
M11	J	Boeing (Douglas) MD-11 Passenger
M80	J	Boeing (Douglas) MD-80
M87	J	Boeing (Douglas) MD-87
M90	J	Boeing (Douglas) MD-90
NDC	J	Aerospatiale SN601 Corvette
NDE	H	Eurocoter Ecureuil AS350/AS355 2
NDH	H	Eurocopter SA365C Dauphin 2
ND2	T	Aerospatiale Nord 262
PAG	P	Piper (Light Aircraft)
PL2	T	Pilatus PC-12
PL6	P	Pilatus PC6 Turbo-Porter
PN6	T	Partenavia P68
SF3	T	Saab 340
SHB	T	Shorts SC.5 Belfast
SHS	T	Shorts Skyvan (SC-7)
SH3	T	Shorts 330 (SD3-30)
SH6	T	Shorts 330 (SD3-60)
SWM	T	Fairchild Swearingen Merlin/Metro
S20	T	Saab 2000
S58	H	SIKORSKY S-58T
S61	H	SIKORSKY S-61
S76	H	SIKORSKY S-76
TU3	J	Tupolev TU134
TU5		Tupolev TU154
T20	J	Tupolev TU204-214
VCV	T	British Aerospace (Vickers) Viscount
WWP	J	Israel Aircraft Ind. 1124 Westwind
YK2	J	Yakovlev YAK-42
YK4	J	Yakovlev YAK-40
YN2	T	Harbin Yunshuji Y12
YN7	T	Xian Yunshuji Y7/MA60
YS1	T	Namc YS-11
100	J	Fokker 100
14F	J	British Aerospace 146 Freighter
146	J	British Aerospace 146 Passenger
310	J	Airbus Industrie 310 Passenger
318	J	Airbus Industrie A318
319	J	Airbus Industrie A319
32S	J	Airbus Industrie A318/A319/A320/A321
320	J	Airbus Industrie A320
321	J	Airbus Industrie A321
330	J	Airbus Industrie A330
332	J	Airbus Industrie A330-200
333	J	Airbus Industrie A330-300
340	J	Airbus Industrie A340
342	J	Airbus Industrie A340-200
343	J	Airbus Industrie A340-300
70F	J	Boeing 707 (Freighter)
70M	J	Boeing 707 (Mixed Config)
707	J	Boeing 707/720B Passenger
717	J	Boeing 707-200
72F	J	Boeing 727 (Freighter)
72M	J	Boeing 727 (Mixed Config)
72S	J	Boeing 727-200/200 (Passenger)
727	J	Boeing 727-100/200/200 (Passenger)
73F	J	Boeing 737 (Freighter)
73G	J	Boeing 737-700 Passenger
73H	J	Boeing 737-800 (Winglets) Passenger
73M	J	Boeing 737-200 (Mixed Configuration)
73S	J	Boeing 737 Advanced All Series
733	J	Boeing 737-300 (Passenger)
734	J	Boeing 737-400 (Passenger)
735	J	Boeing 737-500 (Passenger)
736	J	Boeing 737-600 (Passenger)
737	J	Boeing 737 (Passenger)
738	J	Boeing 737-800 (Passenger)
74C	J	Boeing 747-200 (Mixed Config)
74D	J	Boeing 747-300 (Mixed Config)
74E	J	Boeing 747-400 (Mixed Config)
74F	J	Boeing 747-100/200/400 (Freighter)
74L	J	Boeing 747SP Passenger
74M	J	Boeing 747-200/300-400 Mixed Config
743	J	Boeing 747-300 Freihgter
744	J	Boeing 747-400 Freihgter
747	J	Boeing 747 Freihgter
75F	J	Boeing 757 Passenger
75W	J	Boeing 757-200 (Winglets) Passenger
752	J	Boeing 757-200 Passenger
753	J	Boeing 757-300 Passenger
757	J	Boeing 757-200/300 Passenger
76F	J	Boeing 767 Freighter
762	J	Boeing 767-200/200ER Passenger
763	J	Boeing 767-200/300ER Passenger
764	J	Boeing 767-400 Passenger
767	J	Boeing 767-200/300 Passenger
772	J	Boeing 777-200 Passenger
773	J	Boeing 777-300 Passenger
777	J	Boeing 777-200/300 Passenger
BUS	S	Bus
RQV	S	Equipment Varies
LCH	S	Launch/Boat
LMO	S	Limousine
MTL	S	Metroliner Train
RFS	S	Road Feeder Service (Truck)
TGV	S	Train Agrand Vitesse
TRN	S	Train

附录三 各类机型飞机货舱数据

机型	行李、货舱门（米）	行李舱、货舱容积（米^3）	地板承受力（千克/米^2）	可装集装箱（板）
B777-200	前货舱 2.70×1.70 后货舱 1.80×1.70 散舱 0.90×1.10	158.17	976 散舱 732	前舱 18AVE 箱或 6P6P 板或 P1P 板 后舱 14AVE 箱或 4P6P 板或 2AVE 箱及 4P1P 板
B747-400	主货舱 3.05×3.40 前下舱 1.68×2.64 后下舱 1.68×2.64 散舱 1.19×1.12	120	976 散舱 732	主货舱 7P6P 板 前舱 5P1P 板 后舱 16AVE 箱
B747-200	主货舱 3.05×3.40 前下舱 1.68×2.64 后下舱 1.68×2.64 散舱 1.19×1.12	170	976 散舱 732	主舱 7P1P 板 下舱 9P1P 板/30AVE 箱
B747-SP	前舱 1.73×2.64 后舱 1.73×2.64	107.62	976	前舱 3P1P 板/10AVE 箱 后舱 3P1P 板/12AVE 箱
B747-300	主货舱 3.05×3.40 前下舱 1.68×2.64 后下舱 1.68×2.64 散舱 1.19×1.12	175.3	976 散舱 732	主舱 7P1P 板 下舱 9P1P 板/30AVE 箱
B767-200	前舱 3.40×1.75 后舱 1.78×1.75 散舱 0.97×1.19	99.2	976 散舱 732	前舱 3P1P 板/12DPE 箱 后舱 10DPE 箱
B767-300	前舱 3.40×1.75 后舱 1.78×1.75 散舱 0.97×1.19	99.2	976 散舱 732	前舱 4P1P 板/16DPE 箱 后舱 10 箱
B757	前舱 1.07×1.07 后舱 1.40×1.12 散舱 1.22×0.81	50.8	732	—
B737-200	1.22×0.89	24.78	732	—
B737-300	前舱 1.22×1.30 后舱 1.22×1.22	30.2	732	—
B737-500	前舱 1.22×0.89 后舱 1.22×0.84	23.2	732	—
B707B	前舱 1.27×1.22 中舱 1.24×1.22 后舱 0.91×0.76	49	732	—

续前表

机型	行李、货舱门（米）	行李舱、货舱容积（米³）	地板承受力（千克/米²）	可装集装箱（板）
B707-C	主舱 3.40×2.30 前舱 1.07×1.22 中舱 1.24×1.22 后舱 0.91×0.76	96.2	732	主舱 12P1P 板
MD-11F	2.64×1.67	157.61	976	前舱 6P1P 板/18AVE 箱 后舱 14AVE 箱
MD-80	1.34×0.74	35.4	732	—
MD-82	1.34×0.74	35.4	732	—
A300-600	前舱 1.71×2.44 后舱 1.71×1.81	121.9	976	前舱 4P1P 板/6AVE 箱 后舱 10AVE 箱
A310-200	2.70×1.69	84.8	976	前舱 3P1P 板 后舱 6AVE 箱
TU-154	1.35×0.80	43	600	—
YK42	1.14×1.35	23.6	366	—
FK100	0.95×0.90	17.16	366	—
BAe146	前舱 0.76×1.34 后舱 0.08×0.91	13.56	366	—
AN-24	1.10×1.20	11.25	400（加垫板）	—
AN-12	2.77×3.05	123.3	1 500	—
Y-7	1.10×1.20	11.2	400（加垫板）	—
SH360	1.68×1.39	6.08	223	—
SAAB340B	1.35×1.30	6.8	223	—
L-100-30	3.05×2.77	172	1 500	5P1P 板

注：1. 本表各项理论数据仅供参考。
2. 集装箱板规格如下：
P1P 板：2.24×3.18（米）；
P6P 板：2.44×3.18（米）；
AVE 箱：1.45×1.50（米），容积 413（米³）；
DPE 箱：1.00×1.35（米），容积 340（米³）。

附录四　舱单样本

货邮舱单

编号：

航班号：　　　　飞机号：　　　　飞行日期：　　　　出发站：　　　　到达站：

运单号码	品名	件数	重量 （千克）	始发站	到达站	备注	经手人签字
共计		货物			值机： 复核：		
		邮件					
		公邮					

附录五 TACT 货币进位规则表（摘录）

Country	Currency			Rounding off units	
	Name	Unit	Code	Except min. charge	Minimum charges
China	Renminbi yuan	100 Fen	CNY	0. 01	1
China	HongKong Dollars	100 Cents	HKD	0. 01	1
China	Macao Pataca	100 Avos	MOP	0. 01	1
Korea	Korean Won	1 Won	KPW	0. 01	0. 01
Japan	Yen	——	JPY	1	100
PhilippineS	Philippine Peso	100 Centavos	PHP	1	1
Malaysia	Malaysian Ringgit	100 Sen	MYR	0. 01	1
Singapore	Singapore Dollar	100 Cents	SGD	0. 01	1
Thailand	Baht	100 Satang	THP	1	1
Pakistan	Rial Omani	1 000 Baizas	OMR	0. 005	1
Kuwait	Kuwaiti Dinar	1 000 Fils	KWD	0. 005	0. 10
Turkey	New Turkish Lira	100 Kurus	TRY	0. 01	1
Australia	Australian Dollar	100 Cents	AUD	0. 05	1
New Zealand	New Zealand Dollar	100 Cents	NZD	0. 01	1
Sweden	Swedish Krona	100 Ore	SEK	0. 10	10
Finland	Euro	100 Cents	EUR	0. 01	0. 01
France	Euro	100 Cents	EUR	0. 01	0. 01
Germany	Euro	100 Cents	EUR	0. 01	0. 01
Italy	Euro	100 Cents	EUR	0. 01	0. 01
Netherlands	Euro	100 Cents	EUR	0. 01	0. 01
Portugal	Euro	100 Cents	EUR	0. 01	0. 01
Greece	Euro	100 Cents	EUR	0. 01	0. 01
United Kindom	Pound，Sterling	100 Pence	GBP	0. 01	1
United States	U. S. Dollar	100 Cents	USD	0. 01	1
Canada	Canadian Dollar	100 Cents	CAD	0. 01	5
Mexico	Peso	100 Centavos	MXN	0. 01	0. 01
Chile	Chilean Peso	100 Centavos	CLP	1	1
Argentina	Peso	100 Centavos	ARS	0. 01	1
Paraguay	Guarani	100 Centimos	PYG	10	100
Uruguay	Peso Uruguayan	100 Centimos	UYU	1	1
Egypt	Egyptian Pound	100 Piastres	EGP	0. 10	0. 10
Libyan	Libyan Dinar	100 Piastres	LYD	0. 005	1
Algeria	Algerian Dinar	100 Centimes	DZD	0. 05	1
Central African Rep	CFA Franc	100 Centimes	XAF	5	100
Kenya	Kenya Shilling	100 Cents	KES	0. 50	5
Uganda	Uganda Shilling	100 Cents	UGX	0. 10	1
Zambia	Kwacha	100 Ngwee	ZMK	0. 01	1
Tanzania	Tanzania Shilling	100 Cents	TZS	5	5
Zimbabwe	Zimbabwe Dollar	100 Cents	ZWD	0. 05	1

附录六　危险品申报单

危险品申报单
SHIPPER'S DECLARATION FOR DANGEROUS GOODS

Shipper	Air Waybill No. Page of Page Shipper's Reference Number (*optional*)
Consignee	For optional use for Company logo name and address
Two completed and signed copies of this Declaration must be handed to the operator.	WARNING
TRANSPORT DETAILS This shipment is within the limitations prescribed for: (delete non-applicable) PASSENGER AND CARGO AIRCRAFT | CARGO AIRCRAFT ONLY Airport of Departure Airport of Destination:	Failure to comply in all respects with the applicable Dangerous Goods Regulations may be in breach of the applicable law, subject to legal penalties. This Declaration must not, in any circumstances, be completed and/or signed by a consolidator, a forwarder or an IATA cargo agent. Shipment type: (delete non-applicable) NON-RADIOACTIVE | RADIOACTIVE

NATURE AND QUANTITY OF DANGEROUS GOODS (see sb-section 8.1 of IATA Dangerous Goods Regulations)

DANGEROUS GOODS IDENTIFICATION					QUANTITY AND TYPE OF PACKING	PACKING INST.	AUTHORIZATION
Proper Shipping name	Class or Division	UN or ID	Packing Group (if appl.)	Subsidiary Risk			

Additional Handling Information:

I hereby declare that the contents of this consignment are fully and accurately described above by the proper shipping name and are classified, packaged, marked and labeled/placarded and are in all respects in proper condition for transport according to applicable international and national governmental regulations.	Name/Title of Signatory Place and Date Signature (see warning above)

附录七　非放射性危险品收运核查单

非放射性危险品收运核查单

Dangerous Goods Acceptance Checklist For Non-Radioactive Material

运单号__________　始发站__________　目的站__________　危险品代码__________

在下列项目检查前不得收运或拒收任何一票危险品！

托运人申报单	是	否	不适用
1.IATA 格式，中/英文一式两份	□	□	
2.收货人/托运人姓名和详细地址	□	□	
3.若货运单号未填，请填上	□		
4.申报单的页数	□	□	
5.若未填始发站及目的站的机场或城市全称，请填上	□		
6.删除不适用机型	□	□	
7.删除“放射性”一栏	□	□	
识别			
8.UN 或 ID 编号，	□	□	
9.运输专用名称，带有“*”号的还需在括号中加入化学具体名称	□	□	
10.危险性类项及第 1 类的配装组	□	□	
11.在类或项后的括号中注明次要危险性	□	□	□
12.包装等级	□	□	□
包装件数量和类型			
13.包装件数量及包装类型	□	□	
14.每一包装净数量或毛重及衡量单位	□	□	
15.当不同的危险品放在一个外包装中时，应遵循下列规则：			
——根据 9.1A 表判断是否相容（化学组件或急救设备除外，参看包装说明 915 和 Y915）	□	□	□
——含有 6.2 项 UN 包装件	□	□	□
——All Packed In One（包装类型）	□	□	□
——“Q”不能超过 1	□	□	□
16.合成包装件			
——注明“Overpack Used”	□	□	□
——根据 9.1A 表判断是否相容	□	□	□
包装说明			
17.包装说明编号	□	□	
授权			
18.限量包装需注明“限量包装”字样	□	□	□
19.注明 A1，A2，A51，A81，或 A109 特殊规定号码	□	□	□
20.注明政府批准文件随附	□	□	□
21.其他附加批准	□	□	□
附加操作说明			
22.对于 4.1 项自身反应及相关物质和 5.2 项有机过氧化物或其样品，必须注明“避免阳光直射，远离热源，置于通风处”	□	□	□
23.6.2 项传染性物质货物负责人姓名和电话	□	□	□
24.航空运输的声明	□	□	
25.姓名、职称、地点及日期	□	□	
26.托运人签字	□	□	
27.更改处是否经托运人签字	□	□	□

	是	否	不适用
货运单			
28.储运和注意事项栏注明“危险品——随附申报单”	□	□	
29.如适用，注明“仅限货机”或“CAO”	□	□	□
30.若有普货，注明危险品件数	□	□	□
31.收取了危险品检查费	□	□	
包装件及合成包装件			
32.包装符合包装说明要求并无损坏或渗漏	□	□	
33.与申报单填的件数、编号和包装类型一致标记	□	□	
34.UN 包装按（6.0.4,6.0.5）标记			
——UN 规格标记	□	□	□
——X、Y、Z 与包装等级/包装说明相符	□	□	□
——重量不超过最大毛重（固体或内包装）	□	□	
——传染性物质特殊标记	□	□	□
35.运输专用名称（包括化学具体名称），UN 或 ID 编号）	□	□	□
36.托运人及收运人的姓名及详细地址	□	□	
37.爆炸品净重和包装毛重	□	□	□
38.在外包装上标明 2-6 类、8 类及干冰的净重或毛重	□	□	□
39.传染性物质的负责人姓名、电话	□	□	□
40.PI202 注明“保持直立、勿摔、小心轻放”	□	□	□
41.注明“限量包装”	□	□	□
42.根据表 4.2E 栏，在每个包装件上粘贴主要危险性标签	□	□	
43.根据表 4.2E 栏，次要危险性标签相邻主要危险性标签粘贴	□	□	□
44.仅限货机标签与主要危险性标签相邻并同面粘贴	□	□	□
45.“向上标签”	□	□	□
46.“磁性物质标签”	□	□	□
47.“深冷液化气体标签”	□	□	□
48.“远离热源”标签	□	□	□
49.所有标签均正确粘贴，无关标记标签已去除	□	□	
合成包装件			
50.包装要求的标记必须清晰可见，否则在合成包装件外重做标记	□	□	□
51.如果看不到标记和标签，注明“Overpack”	□	□	□
52.仅限货机的限制	□	□	□
其他			
53. 符合国家和其它承运人的差异	□	□	□
54. 对于仅限货机的危险品，确认全程均有货机	□	□	□

此票货物　　　　　　　　　　　　拒运理由：

收运　　　　拒运

检查人：__________　地点：__________

日期：__________　时间：__________

附录八　危险品表(摘录)

UN/ ID No. A	Proper Shipping Name/Description B	Class or Div. C	Sub Risk D	Hazard Label (s) E	PG F	Passenger and Cargo Aircraft: Ltd Qty: Pkg Inst G	Passenger and Cargo Aircraft: Ltd Qty: Max Qty per Pkg H	Passenger and Cargo Aircraft: Pkg Inst I	Passenger and Cargo Aircraft: Max Qty per Pkg J	Cargo Aircraft Only: Pkg Inst K	Cargo Aircraft Only: Max Qty per Pkg L	S.P. See 4.4 M	ERG Code N
1088	Acetal	3		Flamm.liquid	II	Y305	1L	305	5L	307	60L		3H
1445	Barium chlorate	5.1	6.1	Oxidizer & Toxic	II	Y5.9	1Kg	509	5Kg	512	25Kg		5P
1854	Barium alloys,pyrophoric	4.2				-	-	Forbidden		Forbidden			4W
8000	Consumer commodity Containers,empty or re-used,not containing dangerous goods residue	9		Miscellaneous		-	-	910	25Kg G	910	25Kg G	A112	9L
2432	N,N-Diethylaniline	6.1		Toxic	III	Y611	2L	611	60L	618	220L	A113	6L
2375	Diethyl sulphide	3		Flamm.liquid	II	Y305	1L	305	5L	307	60L		3L
2751	Diethylthiophosphoryl chloride	8		corrosive	II	Y814	5Kg	814	15Kg	816	50Kg		8L
1030	1,1-Difluoroethane	2.1		Flamm.gas		-	-	Forbidden		200	150Kg	A1	10L
2361	Diisobutylamine	3	8	Flamm. liquid & Corrosive	III	Y309	1L	309	5L	310	60L		3C

附录九 多重危险性表

类/项	包装等级	4.2	4.2	4.3	4.3	4.3	5.1	5.1	5.1	6.1 (d)	6.1 (o)	6.1	6.1	8 (l)	8 (s)	8 (l)	8 (s)	8 (l)	8 (s)
		Ⅱ	Ⅲ	Ⅰ	Ⅱ	Ⅲ	Ⅰ	Ⅱ	Ⅲ	Ⅰ	Ⅰ	Ⅱ	Ⅲ	Ⅰ	Ⅰ	Ⅱ	Ⅱ	Ⅲ	Ⅲ
3	Ⅰ						—	—	—	3,Ⅰ	3,Ⅰ	3,Ⅰ	3,Ⅰ	3,Ⅰ	—	3,Ⅰ	—	3,Ⅰ	—
3	Ⅱ						—	—	—	3,Ⅰ	3,Ⅰ	3,Ⅱ	3,Ⅱ	8,Ⅰ	—	3,Ⅱ	—	3,Ⅱ	—
3	Ⅲ						—	—	—	6.1,Ⅰ	6.1,Ⅰ	6.1,Ⅱ	3,Ⅲ *	8,Ⅰ	—	8,Ⅱ	—	3,Ⅱ	—
4.1*	Ⅱ	4.2Ⅱ	4.2Ⅱ	4.3Ⅰ	4.3Ⅱ	4.3Ⅱ	5.1Ⅰ	4.1Ⅱ	4.1Ⅱ	6.1Ⅰ	6.1Ⅰ	4.1Ⅱ	4.1Ⅱ	—	8Ⅰ	—	4.1Ⅱ	—	4.1Ⅱ
4.1**	Ⅲ	4.2Ⅱ	4.2Ⅲ	4.3Ⅰ	4.3Ⅱ	4.3Ⅲ	5.1Ⅰ	4.1Ⅱ	4.1Ⅲ	6.1Ⅰ	6.1Ⅰ	6.1Ⅱ	4.1Ⅲ	—	8Ⅰ	—	8Ⅱ	—	4.1Ⅲ
4.2	Ⅱ			4.3Ⅰ	4.3Ⅱ	4.3Ⅱ	5.1Ⅰ	4.2Ⅱ	4.2Ⅱ	6.1Ⅰ	6.1Ⅰ	4.2Ⅱ	4.2Ⅱ	8Ⅰ	8Ⅰ	4.2Ⅱ	4.2Ⅱ	4.2Ⅱ	4.2Ⅱ
4.2	Ⅲ			4.3Ⅰ	4.3Ⅱ	4.3Ⅲ	5.1Ⅰ	5.1Ⅱ	4.2Ⅲ	6.1Ⅰ	6.1Ⅰ	6.1Ⅱ	4.2Ⅲ	8Ⅰ	8Ⅰ	8Ⅱ	8Ⅱ	4.2Ⅲ	4.2Ⅲ
4.3	Ⅰ						5.1Ⅰ	4.3Ⅰ	4.3Ⅰ	6.1Ⅰ	4.3Ⅰ	4.3Ⅰ	4.3Ⅰ	4.3Ⅰ	4.3Ⅰ	4.3Ⅰ	4.3Ⅰ	4.3Ⅰ	4.3Ⅰ
4.3	Ⅱ						5.1Ⅰ	4.3Ⅱ	4.3Ⅱ	6.1Ⅰ	4.3Ⅰ	4.3Ⅱ	4.3Ⅱ	8Ⅰ	8Ⅰ	4.3Ⅱ	4.3Ⅱ	4.3Ⅱ	4.3Ⅱ
4.3	Ⅲ						5.1Ⅰ	5.1Ⅱ	4.3Ⅲ	6.1Ⅰ	6.1Ⅰ	6.1Ⅰ	4.3Ⅲ	8Ⅰ	8Ⅰ	8Ⅱ	8Ⅱ	4.3Ⅲ	4.3Ⅲ
5.1	Ⅰ									5.1Ⅰ	5.1Ⅰ	5.1Ⅰ	5.1Ⅰ	5.1Ⅰ	5.1Ⅰ	5.1Ⅰ	5.1Ⅰ	5.1Ⅰ	5.1Ⅰ
5.1	Ⅱ									6.1Ⅰ	5.1Ⅰ	5.1Ⅱ	5.1Ⅱ	8Ⅰ	8Ⅰ	5.1Ⅱ	5.1Ⅱ	5.1Ⅱ	5.1Ⅱ
5.1	Ⅲ									6.1Ⅰ	6.1Ⅰ	6.1Ⅱ	5.1Ⅲ	8Ⅰ	8Ⅰ	8Ⅱ	8Ⅱ	5.1Ⅲ	5.1Ⅲ
6.1(d)	Ⅰ													8Ⅰ	6.1Ⅰ	6.1Ⅰ	6.1Ⅰ	6.1Ⅰ	6.1Ⅰ
6.1(o)	Ⅰ													8Ⅰ	6.1Ⅰ	6.1Ⅰ	6.1Ⅰ	6.1Ⅰ	6.1Ⅰ
6.1(Ⅰ)	Ⅱ													8Ⅰ	6.1Ⅰ	6.1Ⅱ	6.1Ⅱ	6.1Ⅱ	6.1Ⅱ
6.1(d)	Ⅱ													8Ⅰ	6.1Ⅰ	8Ⅱ	6.1Ⅱ	6.1Ⅱ	6.1Ⅱ
6.1(o)	Ⅱ													8Ⅰ	8Ⅰ	8Ⅱ	6.1Ⅱ	6.1Ⅱ	6.1Ⅱ
6.1	Ⅲ													8Ⅰ	8Ⅰ	8Ⅱ	8Ⅱ	8Ⅲ	8Ⅲ

(l)=液体　(s)=固体　(Ⅰ)=吸入　(d)=皮肤接触　(o)=口服　—=不可能的组合

*仅指杀虫剂,主要危险性必须是6.1项。

**这里的4.1项危险物质,不包括自身反应物质和减敏的爆炸品。

附录十 特种货物机长通知单

<table>
<tr><td colspan="14">SPECIAL LOAD-NOTIFICATION TO CAPTAIN</td></tr>
<tr><td colspan="2">Station of (1)
Loading</td><td>Flight (2)
Number</td><td>Data
(3)</td><td colspan="2">Aircraft (4)
Registration</td><td colspan="4" rowspan="2">Prepared by (5)</td><td colspan="4" rowspan="2">ULD Built-Up by (6)</td></tr>
<tr><td colspan="6">DANGEROUS GOODS</td></tr>
<tr><td rowspan="2">Station of Unloading</td><td rowspan="2">Air Waybill Number</td><td rowspan="2">Proper Shipping Name</td><td rowspan="2">Class or Division:for Class 1 Compat.grp</td><td rowspan="2">UN or ID Number</td><td rowspan="2">Sub Risk</td><td rowspan="2">Number of Packages</td><td rowspan="2">Net quantity or Transp Ind Per Package</td><td rowspan="2">Radioactive Mat Categ</td><td rowspan="2">Packing Group</td><td rowspan="2">Code (See Reverse)</td><td rowspan="2">CAO (X)</td><td colspan="2">Loaded</td></tr>
<tr><td>ULDID</td><td>POSITION</td></tr>
<tr><td>(11)</td><td>(12)</td><td>(13)</td><td>(14)</td><td>(15)</td><td>(16)</td><td>(17)</td><td>(18)</td><td>(19)</td><td>(20)</td><td>(21)</td><td>(22)</td><td>(23)</td><td>(24)</td></tr>
<tr><td></td><td colspan="10">*There is no evidence that any damaged or leaking packages containing dangerous goods have been loaded on the aircraft</td><td></td><td></td><td></td></tr>
<tr><td colspan="14">OTHER SPECIAL LOAD</td></tr>
<tr><td rowspan="2">Stat of Unload</td><td rowspan="2">Air Waybill Number</td><td rowspan="2">Contents and Description</td><td rowspan="2">Number of Packages</td><td rowspan="2">Quantity</td><td colspan="5" rowspan="2">Supplementary Information</td><td colspan="2" rowspan="2">Code (See Reverse)</td><td colspan="2">Loaded</td></tr>
<tr><td>ULDID</td><td>POSITION</td></tr>
<tr><td>(25)</td><td>(26)</td><td>(27)</td><td>(28)</td><td>(29)</td><td colspan="5">(30)</td><td colspan="2">(31)</td><td>(32)</td><td>(33)</td></tr>
<tr><td colspan="2">Loading Supervisor's Signature (7)</td><td>Checked by (8)</td><td colspan="2">Captain's Signature (9)</td><td colspan="9">Other Information (10)</td></tr>
</table>

*This sentence must be shown on the NOTOC .The location is left to the discretion of the carrier.

参考文献

［1］海关总署关税征管司．中华人民共和国进出口税则（2019）．北京：中国海关出版社，2019.

［2］农晓丹．报关与报检实务．北京：北京大学出版社，2018.

［3］赵影．民航客货运输实务．2版．北京：中国民航出版社，2016.

［4］陈文玲．民航货物运输．3版．北京：中国民航出版社，2016.

［5］中国民用航空局职业技能鉴定指导中心．民航货运员．北京：中国民航出版社，2015.

［6］中国国际货运代理协会．国际货运代理理论与实务．北京：中国商务出版社，2012.

［7］马洁．国际货运代理实务．北京：中国财富出版社，2011.

［8］肖瑞萍．民用航空危险品运输．北京：科学出版社，2011.

［9］肖瑞萍．国际航空货物运输．北京：科学出版社，2011.

［10］江太利，刘东生．国际航空货物运输知识问答．北京：人民交通出版，2010.

［11］杨晓青．民航国际货物运输（内部教材）．上海交通职业学院精品课程网站．